関東大震災

その100年の呪縛

畑中章宏

GS
幻冬舎新書
699

はじめに

天変地異と〈災害〉

大地が揺れ、津波が起き、河川が氾濫し、暴風が続き、火山が噴火しただけでは〈災害〉にならない。天変地異が起こった場所に人間が住んでいることにより、人間が被害を受け、はじめて〈災害〉になるのだ。しかし人間は、地震や津波、風水害がない場所だけを選んで住処《すみか》にしてはこなかった。

洪水を引きおこすことがある河川の近くや、津波が襲うことがある海辺も、農業や漁業の収穫・収獲を得るというメリットがあるため、そこに人間は住み続けてきたのである。天変地異が〈災害〉にならないようにする努力も、もちろん重ねられてきた。防災・減災の工夫は、近代工学が生まれる以前からさまざまに蓄積されてはきた。

防災・減災のための工学的な営為が、〈災害〉をかえって助長することもある。都市の近代化、人口密集や建物の堅牢化が、〈災害〉を増幅し、人的被害を拡大させることも少なくない。〈災害〉にたいする抵抗を目的につくりあげられたはずの建築が、〈災害〉の規模を大きくすることもある。たとえば木造家屋の倒壊と、コンクリートでできた堅固な構造物の倒壊が人間に与える衝撃の大きさを想像するだけでも明らかなことだろう。

〈近代化〉の途上で

いまから100年前、1923年（大正12）9月1日11時58分32秒、神奈川県相模湾北西沖を震源とする、マグニチュード7・9の規模の大地震が起こった。明治維新以降、東京を襲った最初の巨大地震であり、南関東から東海地方に及ぶ地域にわたって甚大な被害をもたらした。

この地震では190万人が被災し、10万5000人余りが死亡、行方不明になった。建築は全壊が10万9000余戸、全焼が21万2000余戸。地震の揺れで起こった建物崩壊などによる圧死者もいたが、強風をともなった火災に起因する死傷者が多くを占めた。地震の発生時刻が昼食の時間と重なったことで、各地で火災が発生したからである。

関東大震災が及ぼした影響は、こうした数字だけではかりしれない。それは、この〈災害〉が日本の急速な〈近代化〉の途上で起こったからにほかならない。

関東大震災は明治維新（1868年）から、約半世紀後に起こった。京都から天皇が移って国家の元首となり、大日本帝国の首都となった東京は、一挙に近代化が進んで、西洋化が実現したわけではない。〈近代化〉〈西洋化〉されたのは東京のほんの一部にすぎず、下町は江戸時代の過密をとどめたままだった。また地方に目を向けても、日本の隅々まで〈近代化〉されたといえるものではない。

噴出する矛盾

強靭で堅固だと信じられていた巨大都市が崩壊したとき、〈天変地異〉と〈災害〉の裂け目からさまざまな矛盾が噴きだす。また人びとのあいだに〈合理的〉とはいえない感情が渦巻く。そしてこうした事態は関東大震災以降、日本列島を襲った〈災害〉でも繰りかえされていくことになる。

関東大震災は〈近代化〉にともなう問題をあらわにし、その解決法を模索するきっかけになるはずだった。しかし、100年前の日本人は問題を先送りし、矛盾に向きあおうとしなかったのである。先送りにされた問題はその後の日本を呪縛《じゅばく》し、今日に至るまで解かれていない。

災害そのもの、また災害にともなって起こったさまざまな事態は、自然科学や建築工学の領域から検証するだけではなく〈社会的事件〉としてみるべきではないか。本編でのちほど紹介するが、哲学者の戸坂潤《とさかじゅん》は飢饉をあたかも〈自然現象〉であるかのように見ることを戒め、〈社会現象〉として捉えるように促した。〈自然現象〉としての天変地異にとどまらず、災害を〈社会現象〉として認識すべきだという問題提起はきわめて重要だ。

災害の規模の大きさは、自然科学的あるいは建築工学的な要因にだけ左右されるわけではない。そこにはつねに〈社会的事件〉がつきまとい、民俗的な感情が渦巻いていたはずだ。〈事件〉が起こったことで、災害の悲惨さが深刻さを増したにもかかわらず、これまでの災害史ではこうした側面が注目されてこなかった。

災害が起こるたび、再建・復興のための建設的な議論が進まず、イデオロギー対立や、情緒的な〈物語〉に耽溺してしまう。災害の細部が〈悲劇〉や〈美談〉におとしこまれることにより、〈社会的事件〉としての側面は見過ごされていく。

本書では100年の時を超えて、災害の〈社会現象〉としての側面を明らかにしていきたい。関東大震災以降に起こった災害でも繰りかえされた事態を検証し、〈呪縛〉の正体を明らかにしながら、また襲いくるだろう大災害に備える方法を模索したいと思う。

関東大震災／目次

DTP　美創

第一部 関東大震災という〈大事件〉

1 〈当事者性〉と〈非当事者性〉

災害をめぐる非合理

壊滅的な災害にみまわれたとき、被害者やその周囲にいる人びとにはさまざまな感情が湧きおこる。関東大震災の際にも、悲しみや苦しみといった言葉では表わしえないエモーショナルな思いが溢れだしたはずである。災害に巻きこまれた人びとにたいして、感情的にならず、理知的な判断を求めるのは、残酷な仕打ちだろう。しかし、民俗的な慣習を行動規範としていた近世社会の人びとと比べても、関東大震災では情動に振りまわされて、非合理であったり、暴力的な反応を示したりした人びとが少なからずいた。

インターネットが発達した現代とは比較できないとはいえ、関東大震災が起こった1920年代は、ジャーナリズムも起こり、情報化社会の入り口に立っていた。それにもかかわらず、災害の実態を知るために人びとは右往左往し、流言蜚語《ひご》にまどわされ、突きうごかされたのである。そうして彼らは〈事件〉に巻きこまれ、また〈事件〉を起こす加害者になっていった。

文壇が成立し、文学が大衆にとって身近になりかけていた時期だったこともあり、震災に遭遇した人びとの記録や証言が、数多く書かれた。いまそれらを読んでみると、単純化や類型化ははばかられるとはいえ、いくつかの問題点を見いだすことができる。

ここからは関東大震災の状況を顧みながら、震災後に現われた問題、惨禍に遭遇して生まれたさまざまな感情、そして〈事件〉の背景などについて整理していくことにする。

下町における大量死

関東大震災の被害が大規模なものとなった原因のひとつに、明治維新以降も埋められていなかった山の手と下町の格差があった。

東京市では11時58分の地震発生直後から火災が起こり、それらの一部は大規模火災となって46時間にわたり延焼が続いた。延焼は市域の43・6パーセントにあたる34・7平方キロメートルに及び、日本橋区、浅草区、本所《ほんじょ》区、神田区、京橋区、深川区ではほとんどの市街地が焼失した。大蔵省、文部省、内務省、外務省、警視庁など官公庁の建物や、帝国劇場、三越日本橋本店といった文化・商業施設も焼失、神田神保町や東京帝国大学図書館も類焼し、多くの貴重な書籍群が失われている。

堅牢だと思われていた煉瓦造りや石造りのビルが倒壊し、浅草の象徴で12階建て、高さ52メートルの凌雲閣《りょううんかく》（通称・十二階）は、8階から上が折れるように崩れ落ちた。当時建設中だった丸の内の内外ビルディングが崩壊して作業員300余人が圧死、横浜でも官庁や裁判所などのほか、ホテルが倒壊し、宿泊していた外国人が圧死した。

地震が発生した9月1日から2日にかけては気象の変化が激しく、1日の昼過ぎまで南風だったのが、夕方には西風になり、夜は北風、2日の朝からは再び南風になった。風向きの変化による延焼方向の変化が、避難者が逃げまどう原因になり、逃げ場を失った避難者が増大する事態に結びついたと考えられる。1892年（明治25）に文部省に設置された震災予防調査会の報告によると、東京市における焼死者は5万217人にのぼり、大震災の死者全体の9割に達するものだった。

本所横網《よこあみ》町（現・墨田区横網）の陸軍被服廠《ひふくしょう》跡は、安全な避難場所と思われて多くの人びとが集まってきたが、火炎にのまれ、約3万8000人の命が失われた。生存者の証言によると、15時30分ごろから16時30分くらいまでのあいだに被服廠跡付近に火炎旋風が襲来し、そこに避難していた人びとの命が短時間のうちに奪われたのである。

関東大震災にかぎらないが、災害においては、大規模な〈自然現象〉が人間の住む場所を襲う一瞬だけで終わるものではない。〈自然現象〉はあくまでも災害の端緒にすぎず、非常時ならではのさまざまな〈事件〉や〈事故〉がそこに折りかさなっていくのだ。

また災害から復興するには、果てしなく長い時間がかかることも言うまでもない。人家を襲う大規模な〈自然現象〉とそれによる災害は、言ってみればまだ序の口なのであり、渦中はもちろん事後にも、その全体像を把握することは困難をきわめるのである。

社会学者・廣井脩《おさむ》の『災害と日本人——巨大地震の社会心理』によると、明治政府は、1872年（明治5）の大火をきっかけに、東京を改造し不燃化を促進しようとしたが、銀座一帯が煉瓦街になるにとどまった。唯一の改良点は、98年から着手された水道網の発達だった。そのため明治中期以降、東京の出火件数はほぼ横ばいなのにたいし、広域延焼火災が減り、焼失戸数は激減することになった。ただし、これは平常時の火災についてだけで、水道が破壊されるような震災においては無力であり、水道の発達とともに井戸が急速に失われていったため、震災時の水利はかえって悪化したとさえいえる。震災前の東京は、依然として災害にきわめて脆弱な都市で、防災環境はほとんど整備されていなかったのだ。

山の手の〈非当事者性〉

「大震災に遭遇した」「大震災を経験した」といっても、被害の度合いにより、その反応は大きく異なる。そしてその度合いは〈当事者〉と〈非当事者〉の断絶を生みだした。破壊的な状況を呈した「下町」にたいして、「震災記」を著した知識人、文化人の多くは「山の手」に住んでいたり、その時そこにいたりしたため、それほど震えなかったようなのである。

震災の当日、上野公園の竹の台陳列館（現在の東京国立博物館の南側、噴水と奏楽堂の中間付近）でおこなわれた二科展の会場とその周辺には、画家の津田青楓《せいふう》、小出楢重《ならしげ》、安井曽太郎《そうたろう》、有島生馬《いくま》らがいた。彼らも激しい揺れに遭遇し、会場は混乱したものの生命の危機にさらされてはいない。

物理学者で随筆家の寺田寅彦（1878〜1935）も同じ会場にいて、科学的感覚で震動を意識しつつ、自宅に戻った。

……宅に帰ったら瓦が二三枚落ちて壁土が少しこぼれていたが、庭の葉鶏頭はおよそ天下に何事もなかったように真紅の葉を紺碧の空の下にかがやかしていたことであった。しかしその時刻にはもうあの恐ろしい前代未聞の火事の渦巻が下町一帯に広がりつつあった。そして生きながら焼かれる人々の叫喚の声が念仏や題目の声に和してこの世の地獄を現しつつある間に、山の手ではからすうりの花が薄暮れの垣根に咲きそろっていつもの蛾の群れはいつものようにせわしく蜜をせせっているのであった。

（「からすうりの花と蛾」）

竹の台陳列館も寺田の自宅も、地盤の固い本郷台地にあり、台地の震動は少なかったとみられる。

火災や地震に関心を抱いていた寺田はその後、震災の実態を調査することとなり、火炎旋風の発生した時間と場所、発見者・遭遇者の談話、当日の気象状況、火災によって生じた積雲の写真と解説、周辺への飛来落下物などを、震災予防調査会の報告書に詳細に記録している。しかし、震災以降、地震科学を推進していくことになる寺田の潜在意識のどこかに、こうした震えなかった体験があったのではないか。

なお1891年（明治24）10月28日に発生した濃尾地震を契機に、その翌年に組織された震災予防調査会は、関東大震災に際して有効な対策を打ちだせなかったという批判を受ける。その後、東京帝国大学に専門の研究機関として地震研究所が設置され、1925年の震災予防評議会の設置とともに廃止された。

文学者たちのリアリティ

震災に遭遇した当時の文学者たちは、それぞれの文学思想、あるいは方法論により、地震の直後から、大災害のリアリティを追究し、記録を試みた。その代表的なものが1924年（大正13）4月に刊行された田山花袋《かたい》（1872～1930）の『東京震災記』である。『蒲団』『田舎教師』などの作品で知られる自然主義作家は、大震災の状況を克明に記録し、作品化したのだ。

この本によると、花袋は地震が発生したとき代々木の家で、子どもたちと会話をかわしていた。

……そこにゴオという音が南のほうから響いて来たのである。と、いつも地震などそんなにこわがらない長男が、ぐらぐらと来ると同時に、『オッ！地震』と叫んで、立上るより早く、一目散に戸外に飛び出した。弟も妹も母親もすぐそれにつづいた。私は少時《しばらく》じっとして様子を見ていたが、いつもと違って、非常に大きいらしいのに、慌てて皆なの後を追って飛び出していた。

　それは何とも言われない光景であった。あたりはしんとした。世界の終りでもなければ容易に見られまいと思われるような寂寞《せきばく》が、沈黙が一時あたりを領した。誰も何も言うものはなかった。声を出すものもなかった。唯《ただ》、内から遁《に》げ出す気勢《けはい》ばかりがあたりに満ちた。

　女達は裏の竹藪の方へと遁げて行ったが、私と長男と次男とは、柿の樹と梅の樹とに身を凭《よ》せたまま、怒濤の中に漂った舟でもあるかのように、自分の家屋のぐらぐらと動揺するのをじっと見詰めた。この時、前の二階屋の瓦は凄まじい響を立てて落ちた。

（『東京震災記』）


「さすが花袋」というべき描写力、表現力で、実際に同様の経験を関東の人びとは、記憶と体感をよみがえらせたにちがいない。また大地震を体験しなかった地域の人びとも、大震動をリアルに感じたことだろう。

　花袋と家族はその後、家の外でお茶を飲んだり、葡萄を食べたりして、余震が静まってから、倒れた家具、瓦などを皆で片づけた。そうしているとだれかが、「このくらいですめば、そう大した大地震というほどのこともない……」と口にしたという。

……その間に、東京の市街の方では、あの大きな火災が起り、あの凄まじい火の旋風が捲《ま》き上がり、何処に行っても全く火で、どうしても遁《のが》れることができずに、敢《あえ》なく焼け死んだものが数万の上にのぼるというような悲惨事が起っていたのであった。（同前）

花袋の家も揺れはしたが、人的被害を受けるほどではなく、下町の被害との空間的、心理的な距離感を抱かせる。

1914年の転居から自殺に至るまで、東京府北豊島郡滝野川町字田端（現・東京都北区田端）に住んでいた芥川龍之介（1892〜1927）の「大震日録」によると、芥川も大きな揺れを感じたものの、深刻な被害を受けていない。

芥川は昼ごろ茶の間でパンと牛乳をとり、お茶を飲もうとしたところで大きな揺れを感じて、母親とともに屋外に出た。妻の文《ふみ》は2階で眠っていた次男の多加志を助けに行き、伯母のフキは梯子段の下に立って、妻と多加志を呼び続けた。芥川が妻と伯母と多加志とともに家の外に出ると、父の道章と長男の比呂志がいない。お手伝いのしづが再び家に入り、比呂志を抱いて出てきて、道章は庭を回って出てきた。

この間家大いに動き、歩行はなはだ自由ならず。屋瓦の乱墜するもの十余。大震ようやく静まれば、風あり、面を吹いて過ぐ。土臭ほとんど噎《むせ》ばんと欲す。父と屋の内外を見れば、被害は屋瓦の墜ちたると石燈籠の倒れたるのみ。

（「大震日録」）

妻・文の証言によると、芥川は妻と子を家内におき、真っ先に逃げ出したというが、それはともかく人も家も被害はほとんどなかったこともあり、芥川は自警団として活動することになる。

自警団について、言語学者の安田敏朗は「流言というメディア──関東大震災時朝鮮人虐殺と『15円50銭』をめぐって」で、各種の資料から、もともとは1918年の米騒動や社会主義思想の浸透といった事態に危機感を抱いた警察組織が「民衆の警察化」をはかるため、青年団や在郷軍人会などを軸に組織させた「警察の協力組織・補助機関」だったと指摘している。そして、少なくとも神奈川県下の自警団は関東大震災以前にすでに設立されており、もちろん震災後にも結成された。自警団の数は、東京1593、神奈川603、千葉366、埼玉300、群馬469、栃木19などあわせて3689所に達したという内務省調査があるという。

ところで、日本の近代文学史上で見たとき、関東大震災で亡くなった文学者は、鎌倉の別荘で津波に襲われた厨川白村《くりやがわはくそん》（1880～1923）くらいだったといわれている。ただ白村も現代ではなじみが薄くなっている。そうすると関東大震災で亡くなった最も著名な人物は、震災そのものではなく、憲兵隊員によって虐殺された大杉栄《さかえ》と伊藤野枝《のえ》にちがいない。

山の手に住んで、心の底から震えなかった人びとは、〈当事者〉であるにもかかわらず目を曇らせていき、〈当事者性〉をなおざりにしてしまう。彼らがなぜそうなったかといえば、災害のもつ〈事件性〉にたいして無自覚だったせいだろう。〈事件性〉の追究に意識を向けることがなかったために、さらに大きな問題に向きあうことができなかったのだ。

〈観察〉と〈傍観〉

日露戦争の際に従軍記者を務め、『第二軍従征日記』（1905年）を執筆していた田山花袋は、戦場で数多くの死体を見知っていた。そんな花袋でも、「醜悪な状態と腐りかけた臭気とには辟易《へきえき》し」、鼻をおおった。本所の被服廠跡にたどり着いた花袋を待ち受けていたのは、黒焦げになった夥しい数の死体の集積だった。

『まア、あんなものをわざわざ見て行かなくっても好いだろうに……』ふとこういう女の声が私のすぐ向こうでしたので、ひょいと私は顔を上げて見た。私はびっくりした。そこには黒焦げになった人間の頭顱《とうろ》が、まるで炭団《たどん》でも積み重ねたかのように際限なく重なり合っているではないか。『あっ、これだな！　これが被服廠だな！』突《とっ》差《さ》の間にも私はこう思った。（『東京震災記』）

思わず声をあげた花袋の横では、その悲惨な光景を「レンズの中に蔵《おさ》めるために、大きな写真機などを抱えて、その方へと入っていくものも」少なくなかった。報道に携わる人びとが、われ先にと大挙して被災地に入ったのではないか。じつは彼らと同じように従軍記者として戦場を取材したことのある花袋だったが、どうしてもそれをまともに見ることはできなかった。

従って被服廠跡の悲惨な光景を私にたずねるものがあったにしても、私は『よく見なかった』とか『よく見るに忍びなかった』とかいうより他に為方《しかた》がなかった。私はその炭団の山をちらと見ただけで、そのまま急いでその傍を通ってしまった。（同前）

『よく見なかった』『よく見るに忍びなかった』という表現を使っているものの、花袋は旺盛な好奇心で被災地に目を向けようとしていたことがわかる。しかし、作家は焼け野原になった東京を歩きまわることで、感情が揺さぶられ、異様な昂奮に包まれていくことも冷静に叙述するのだ。

花袋はいっぽうで、本所・回向院《えこういん》の真っ黒になった地蔵像の前で、「唯、地球の何処かが、時の調子でちょっと皺が寄ったかどうしたかのに過ぎない」という諦めの境地とともに、仏像に引きよせられている。安政江戸地震でも隅田川にさえぎられ、数えきれない人びとが苦しみながら焼け死んだのではなかったか。そしてまた、同じ過《あやま》ちを繰りかえしてしまったことに、「どうしてこう人間は忘れっぽいのだろう？」と嘆いてもいる。

日本の近代文学史上、田山花袋は自然主義文学者の旗手として、リアリズムをモットーにする作家だとされる。そんな花袋がありのまま、思いのままを記した『東京震災記』は評判となり、当時からよく読まれた。

花袋の震災記録文学の魅力は、災害の悲惨を花袋の文学性がよく捉えているからであり、また小説作品にはない、ノンフィクションとしての物語性がじゅうぶんにいきわたっているからだろう。ただ、記録としてみたときには〈社会性〉には乏しく、客観的観察を口実にした傍観者の叙述にとどまっているともいえるのだ。

折口信夫の帰宅困難

まだ鮮明に記憶している人も少なからずいるはずだが、東日本大震災の際、東京とその近郊に住む多くの人びとが帰宅困難に陥った。しかし、関東大震災における帰宅困難は、強烈な時代相をおびたものだった。

民俗学者の折口信夫《おりくちしのぶ》（1887〜1953）は地震が起こったとき、沖縄から台湾に及ぶ民俗・民族採訪の旅から東京への帰途で、北九州の門司港にいた。折口が震災を知ったのは神戸港に停泊した9月2日で、その夜は大阪の実家に寄らず、横浜行きの船に乗りこんだ。

そして、震災から3日経った4日正午に横浜港に上陸し、そこから谷中清水町の自宅まで歩いて戻ることになった。

大正十二年の地震のとき、九月四日の夕方ここを通って、私は下谷・根津の方へ向かった。自警団と称する団体の人々が、刀を抜きそばめて私をとり囲んだ。その表情を忘れない。戦争の時にも思い出した。平らかな生を楽しむ国びとだと思っていたが、一旦事があると、あんなにすさみ切ってしまう。あの時代にあって以来というものは、この国の、わが心ひく優れた顔の女子達を見ても、心をゆるして思うようなことができなくなった。

（「自歌自註　春のことぶれ」）

折口が自警団に取りかこまれたのは、芝の増上寺あたりだったようである。震災の混乱のなかで、朝鮮人が暴動を起こすという流言蜚語が広まり、自警を称して乱暴なふるまいに出るものが現われていたのだ。

折口は震災の翌年、横浜から谷中の自宅までの道すがらに見た光景と、そのときに沸きおこった感情を釈迢空《しゃくちょうくう》の号で「砂けぶり」という詩にうたった。「砂けぶり」は2篇からなり、とくにその「二」には折口が遭遇した状況が描かれている。
両国橋まで来た折口が、せめてもの安らいに橋の上から水の色を見ようとしたところ、「汚れ腐っていた」女性の水死体を見つける。

横浜からあるいて 来ました。
疲れきつたからだです―。
そんなに　おどろかさないでください。
朝鮮人になつちまひたい　気がします

深川だ。
あゝ　まつさをな空だ―。
野菜でも作らう。
この青天井のするどさ。

夜になつた―。

また　蠟燭と流言の夜だ。
　まつくらな町で　金棒ひいて
　　夜警に出掛けようか

井戸のなかへ
毒を入れてまはると言ふ人々——。
われわれを叱つて下さる
神々のつかはしめ　だらう

（「砂けぶり　二」）

「朝鮮人になつちまひたい」「われわれを叱つて下さる／神々のつかはしめ／だらう」という詩句からは、事態を認識することができず、〈災害〉を神話的に理解しようとする折口の苦渋をみることができる。

　おん身らは　誰をころしたと思ふ。
かの尊い　御名《ミナ》においてー。

おそろしい呪文だ。
万歳　ばんざあい

我らの死は、
涅槃を無視する――。
擾乱《ジョウラン》の　歓喜と
飽満する　痛苦と
（同前）

帰宅を急ぐ折口自身も、検問に呼びとめられ、身の上を問われることになる。そして、自分が日本人であり、自宅が東京にあり、横浜から歩いてきたことを説明して、ようやく解放されたのだった。

帰宅困難に陥った折口は、身の危険にさらされた事態を、それまで用いてこなかった四行詩（基本が四行からなる詩）によって表現した。この詩が難解に見えるのは、精神的、身体的なアイデンティティの崩壊にさらされた苦渋の記憶だからである。

災害の渦中では、災害に便乗した流言蜚語のなかで帰宅を迫られることがある。100

年前の折口は、危機的な事件に遭遇するとともに、その際のうしろめたい記憶に背を向けることなく、痛切にうたおうとしたのだ。

2　流言蜚語が招いた暴力

限界状況下における流言蜚語

流言蜚語は、「世の中で言いふらされる確証のないうわさ話。根拠のない扇動的な宣伝。デマ」のことであり、大災害などが発生し、確かな情報を得る手段がない場合に、憶測で広められる誤情報のことである。非常な事態が発生したとき、こうした流言蜚語が社会に飛びかう。なんらかの被害が、わが身に及ぶ恐れを抱いた人びとが、根も葉もないうわさに耳を傾け、貴重な情報だと信じてデマや誤情報を拡散させていく。さらには、流言蜚語に惑わされた人びとが、異常な行動に駆られることもある。

関東大震災の際にも、「東京全域が壊滅・水没する」「津波が赤城山麓にまで達する」「政府首脳が全滅する」「伊豆諸島が大噴火により消滅する」「三浦半島が陥没する」「朝鮮人が暴徒化して、井戸に毒を入れ、また放火して回っている」などとさまざまなデマが流れた。それだけではなく流言蜚語に便乗して、潜在していた暴力性が発揮される異常な事態が起こったのである。

震災発生から3時間後には、東京をはじめとした各地に、「朝鮮人が放火した」「朝鮮人が強盗した」「朝鮮人が強姦した」などという流言が広まっていたという。

身体的な被害をまぬかれた人びとは自警団をつくり、通行人を路上で尋問したり、日本刀や竹槍を携えて、「朝鮮人」だと思しき人びとに暴行を加えたりしはじめたのだ。なかには、「朝鮮人が軍人や警官に変装することがある」というデマを信じ、軍人や警官を襲うこともあったという。

関東大震災で起こった虐殺事件によって犠牲になった朝鮮人は、当時の政府発表では231人。『朝日新聞』のまとめでは432人。吉野作造は、在日朝鮮人学生らの調査を基に2613人としたという。6000人超とする説もあるが、正確な数字は不明である。

また朝鮮人に間違えられて殺された日本人や中国人もいた。

朝鮮人にたいする虐殺事件のなかには、こんなケースもあった。加藤直樹『九月、東京の路上で――1923年関東大震災　ジェノサイドの残響』によると、9月2日、京王電鉄笹塚車庫の修理に向かっていた複数の朝鮮人が自警団に襲われる。

車内に米俵、土工（土木工事）用具などとともに内地人（日本人）1名に伴われた鮮人《ママ》17名がひそんでいた。（中略）朝鮮人と見るや、警戒団の約20名ばかりは自動車を取り巻き二、三、押し問答をしたが、そのうち誰ともなく雪崩《なだ》れるように手にする凶器を振りかざして打ってかかり、逃走した2名を除く15名の鮮人に重軽傷を負わせ、ひるむと見るや手足を縛して路傍の空き地へ投げ出してかえりみるものもなかった。

（東京日日新聞1923年10月21日付。加藤直樹『九月、東京の路上で』）

この事件後に、現場近くの烏山神社（世田谷区南烏山）に13本のシイの木が植えられたが、その理由について13人が殺されたことを偲んでと解説されることがある。しかし、実際に命を落としたのは1人だけだったようなのだ。

1987年に「関東大震災時に虐殺された朝鮮人の遺骨を発掘し追悼する会」が発行した冊子には次のような古老からの聞き取りが収められている。

このとき、千歳村連合議会では、この事件はひとり烏山村の不幸ではなく、千歳連合村全体の不幸だ、として12人にあたたかい援助の手をさしのべている。千歳村地域とはこのように郷土愛が強く美しく優さしい人々の集合体なのである。私は至上の喜びを禁じ得ない。そして12人は晴れて郷土にもどり、関係者一同で烏山神社の境内に椎の木12本を祈念として植樹した。

（「大橋場の跡 石柱碑建立記念の栞」）

つまり、朝鮮人を襲撃したとして12人が起訴されたのだが、神社に植えられたシイの木は犠牲者を悼むより、むしろ加害者への同情を込めたものだったのである。

内務省は9月1日、人心に不安を与えるような報道の自粛を要請。同月3日には、朝鮮人にかんする記事の掲載を一切禁じ、掲載した場合は発禁処分にすると警告した。

さらに同月5日、山本権兵衛首相は「民衆自らみだりに鮮人に迫害を加うるがごときことはもとより日鮮同化の根本主義に背戻《はいれい》するのみならず　また諸外国に報ぜられて決して好ましきことにあらず　民衆各自の切に自重を求むる次第なり」という内閣告諭を出す。また関東戒厳司令部は、自警団や一般市民が許可なく武器や凶器を携帯することを禁止し、警察も流言を広げるものを取り締まる方針を示したことで、9月7日ごろには虐殺がやんだとみられる。

〈事件性〉に目をふさぐ

朝鮮人にかんする流言蜚語はどこから、どのように発生したのか。

その原因と理由としては、人びとの差別意識から起きたという自然発生説、民衆の不満を朝鮮人に向けさせるため治安当局や軍が仕掛けたという官憲説、このふたつが同時に起こったとみる同時発生説などがある。

惨劇が繰り広げられたいっぽうで、朝鮮人を助けた内地人の「美談」が報道され、その行動が賞賛されたという。また、官憲によって流言が広められ、あるいは殺傷が官憲によって許容されたとし、朝鮮人を迫害した自警団を弁護する論調も生まれた。情報が無根拠だったことがわかった後の著作物でも、誤解による悲惨として回想された。災害の〈事件性〉は些末なものとして扱われてきたのである。

そしてさらに、「日常」的に弱者だったものたちが、「非日常」時においては最弱者となること、限界状況で、日々の差別が極限まで助長されることを、首都で起こった災害は示している。被害者でなかったものが〈当事者〉になろうともしなかったことは、のちほど紹介する志賀直哉の事例などからうかがい知ることができる。

られた。

日本人にたいする虐殺

限界状況における、あるいはそうした状況に便乗した暴力は、日本人にたいしても向けられた。

1923年（大正12）9月6日、千葉県東葛飾郡福田村（現・野田市）三ツ堀で薬売り行商の15人が自警団に襲われ、幼児や妊婦を含む9人が殺された。「福田村事件」と呼ばれる〈事件〉である。

香川県三豊《みとよ》郡（現・観音寺市および三豊市）から来た行商人一行が、利根川沿いで休憩していたところ、約200人の自警団が彼らを取りかこみ、「言葉がおかしい」「朝鮮人ではないか」といった言葉を浴びせていた。福田村の村長らが「日本人ではないか」と言っても人びとは耳を貸さず、駐在の巡査が本署に問いあわせに行った直後に事件が起こったといわれる。虐殺に至った理由としては、行商団の話す讃岐弁が、千葉の人には聞き慣れず理解できなかった、標準語も発音に訛りがあり流暢でなかったため朝鮮人と思われたためだったなどといわれるが明らかでない。

この事件では福田村と隣の田中村（現・柏市）の自警団員7人に有罪判決が下されたものの、昭和天皇即位による恩赦で釈放された。さらに彼らには村から見舞金が支払われ、犠牲者には謝罪も賠償もなかった。

大震災の混乱のなか治安当局や軍は、朝鮮人による独立運動や、社会主義者・共産主義者による反政府運動を恐れていたといわれる。震災発生の数日後には警察に捕らえられた社会主義者らが軍に殺される「亀戸事件」、9月16日には無政府主義者・大杉栄（1885〜1923）と伊藤野枝（1895〜1923）らが憲兵隊員に殺される「甘粕《あまかす》事件」が発生している。

純労働者組合の平沢計七と、中筋宇八、南葛《なんかつ》労働会の川合義虎ら10人は9月3日夜検束され、同日夜から4日未明にかけて（4日夜から5日未明にかけてとする説も）、習志野騎兵第13連隊の兵士によって亀戸署構内または荒川放水路で殺害された（10人のうち2人は別の時間に殺されたともいわれる）。その4日前後には、自警団員4人、日本労技会（日本車輌などに組織をもっていた労働組合）幹事1人、柔道師範1人、多くの朝鮮人も亀戸署内または荒川放水路で殺害された。

9月16日、東京憲兵隊麹町分隊長甘粕正彦大尉、東京憲兵隊本部付森慶次郎曹長は、無政府主義者が不逞行為を働く恐れがあるとして、無政府主義者として名を知られた大杉栄と、大杉のパートナーで女性解放運動家の伊藤野枝、大杉の甥・橘宗一を連行し、憲兵司令部ないし東京憲兵隊本部で絞殺、遺体を古井戸に投げこんだ。

大杉が行方不明になると、歌人・小説家で大杉と交流があった安成二郎《やすなりじろう》らが探索をはじめ、9月20日の『時事新報』『読売新聞』も号外で大杉殺害を報じた。軍も隠しきれず、同日付で甘粕を軍法会議に送致し、福田雅太郎戒厳司令官を更迭、小泉六一憲兵司令官、小山介蔵東京憲兵隊長を停職処分とし、24日に事件の概要を発表する。

軍法会議は12月4日、甘粕に懲役10年、森に同3年、部下3人に無罪の判決を下した。しかし、甘粕は1926年10月に釈放され、陸軍の費用で渡仏。甘粕らの犯行は軍中央の命令によるとの説が有力である（一部に、犯人は歩兵第三連隊の将校だとする説もある）。

自由法曹団の弁護士・布施辰治、山崎今朝弥《けさや》らは事件の真相を追及して司法権の発動を要求し、小牧近江、金子洋文らの種蒔き社は、自由法曹団が作成した資料にもとづいて殉難記『種蒔き雑記』を発行したが、いずれも黙殺された。

自由法曹団に属した山崎今朝弥（1877〜1954）は、明治法律学校（明治大学の前身）を卒業後、アメリカへの遊学を経て弁護士となり、大正時代に東京で起きた社会主義者の事件のほとんどを弁護した。敗戦後は自由法曹団顧問となり、三鷹事件、松川事件を弁護している。

山崎は震災の翌年に発表した『地震・憲兵・火事・巡査』のなかで、「朝鮮人の大虐殺、支那人の中虐殺、半米人（引用者注：大杉栄・伊藤野枝とともに殺害された大杉の甥の橘宗一のことで、宗一がアメリカ国籍をもっていたことを指す）の小虐殺、労働運動家、無政府主義者、日本人の虐殺」と記している。

山崎は朝鮮人虐殺や亀戸事件について、責任を認めない警察、検察などの国家責任を追及している。このように大震災をめぐる事態に批判的に抵抗したものもいるにはいたが、あくまでも少数にとどまった。

〈関心〉と〈無関心〉のはざま

芥川龍之介が震災直後、『中央公論』に発表した「大震雑記」によると、芥川自身が大火は朝鮮人の仕業だという流言蜚語を鵜呑みにしていたことから、友人の作家・菊池寛に「一喝」されたことを述べている。

僕は善良なる市民である。しかし僕の所見によれば、菊池寛はこの資格に乏しい。戒厳令の布かれた後、僕は巻煙草をくわえたまま、菊池と雑談を交換していた。もっとも雑談とはいうものの、地震以外の話の出たわけではない。その内に僕は大火の原因は○○○○○○○○そうだと言った。すると菊池は眉を挙げながら、「だよ、君」と一喝した。僕はもちろんそういわれてみれば、「じゃ／だろう」というほかはなかった。しかし次手にもう一度、なんでも○○○○はボルシエヴイツキの手先だそうだと言った。菊池は今度は眉を挙げると、「嘘さ、君、そんなことは」と叱りつけた。僕はまた「へええ、それも嘘か」とたちまち自説（？）を撤回した。（「大震雑記」）

芥川がみるところによると、「善良なる市民」というものは、「ボルシエヴイツキと○○○○との陰謀の存在を信ずるもの」である。この「○○○○」という伏字は、おそらく朝鮮人を指すものだったろう。万が一それを信じられない場合は、少なくとも信じているらしい顔つきを装わねばならないものだが、「野蛮なる菊池寛」は信じもしなければ、信じる真似もしないと芥川は指摘する。

そしてこれは、完全に「善良なる市民」の資格を放棄したと見るべきで、「善良なる市民」であるとともに、「勇敢なる自警団の一員」である芥川自身は、菊池のことを惜しまざるをえない。しかし、「もっとも善良なる市民になることは、——とにかく苦心を要するものである」。芥川は、自分のなかに潜む「善良なる市民」としての同調性や、凡庸な善良性を発見し、韜晦《とうかい》的に自身をなじっているのだ。

白樺派の作家・志賀直哉（1883〜1971）は、自分の姿を写実することで、無関心が冷酷を生みだしてしまうことを、自ら描きだしている。


軽井沢、日の暮れ。駅では乗客に氷の接待をしていた。東京では鮮人が爆弾を持って暴れ廻っているというような噂を聞く。が自分は信じなかった。松井田で、兵隊二三人に野次馬十人余りで一人の鮮人を追いかけるのを見た。

「殺した」直ぐ引返して来た一人が車窓の下でこんなにいったが、余りに簡単過ぎた。今もそれは半信半疑だ。

ちょうど自分の前で、自転車で来た若者と刺子を着た若者とが落ち合い、二人は友達らしく立話を始めた。…「──鮮人が裏へ回ったてんで、すぐ日本刀を持って追いかけると、それが鮮人でねえんだ」…「しかしこういうときでもなけりゃあ、人間は殺せねえと思ったから、とうとうやっちゃったよ」。二人は笑っている。ひどい奴だと思ったが、ふだんそう思うよりは自分も気楽な気持ちでいた。

（「震災見舞」）

冷徹な目による客観描写で「小説の神様」ともいわれた志賀直哉ならではの正直な描写だとはいえ、現在の目から見ると、ある種のむごさを感じざるをえない。

志賀の短編小説のなかには、鋭利な写実表現で日常に潜む事件の兆しを捉えたような作品がある。しかし、大震災という大事件を前に、作家の目は曇り、目を覆おうとしているようにさえ思えるのだ。

周縁部の惨禍

関東大震災は、東京や横浜での大規模な都市火災が際立っているため、地震とともに発生した大津波や、山地の各所で起きた山崩れなどについては、震災を顧みる機会でも、強調されることが少ない。

この地震は海域で起きた巨大地震だったことから大津波が発生し、伊豆半島東岸から相模湾沿岸一帯、さらには房総半島の南岸までをも襲った。

熱海には地震発生から約5分後に津波が襲来し、湾奥で波高12メートルとなり、約50戸が流失した。伊東でも、9メートルの津波によって300戸あまりが流された。伊豆大島の岡田港にも12メートル、房総半島南端の相浜でも9メートルの津波が襲来した。鎌倉や逗子では、5〜6メートルの津波によって多数の家屋が流失し、海岸にあった別荘のほとんどが流されたという。由比ヶ浜の海水浴場にいた約100人と、江の島の桟橋を渡っていた約50人が津波の犠牲になっている。

関東南部、とくに神奈川県西部及び千葉県の房総地域では、地震やその直後の大雨により、崩壊や地すべり、土石流などのために土砂災害が多数発生。横浜や横須賀では集落の背後にある急斜面が崩れ、多数の家屋が押しつぶされ、丹沢山地でも無数の崩壊が発生した。

土砂災害のなかで最も大規模だったのは、足柄下郡片浦村根府川《ねぶかわ》地区を襲った岩なだれによる被害である。激震によって箱根外輪山の一角をなす大洞山《おおぼらやま》が大崩壊を起こし、崩壊した山の一部が、巨大な岩なだれとなって白糸川の谷を流下し、根府川の集落を埋没させた。当時、根府川の集落は白糸川の谷筋にあったため64戸が埋没し、406人が亡くなったのである。

熱海線（現・東海道線）の根府川鉄橋も、岩なだれの直撃を受けて、海中に飛ばされてしまう。根府川駅には下り列車が停まっていたが、激震とともに駅の背後の崖が崩れて、大量の土砂が列車に襲いかかり、乗客約200人とホームで上り列車を待っていた約40人が、列車もろとも45メートルの崖下に転落してしまった。さらにそこへ津波が襲い、約200人が犠牲になったといわれている。

東京湾岸部の干拓地や埋め立て地、相模川、荒川、古利根川などの河川沿いの低地では液状化が起こり、地盤の陥没や地割れ、建物の沈下、傾斜、地下水や砂の噴出といった現象が起こった。

房総方面でも大きな揺れにみまわれ、柳宗悦《やなぎむねよし》の兄・悦多《よしさわ》（1882〜1923）が千葉県安房中学校で亡くなっている。遠洋漁業に従事し、館山に住んでいた悦多は、航海のあいまに安房中学校で柔道と野球を指導していた。地震が起こったとき、悦多は講話の最中で、生徒を避難させた後、校舎の倒壊で死んだという。

こうした地域のいっぽうで、1703年（元禄16）の元禄地震や1854年（安政元）の東海地震の津波による災害経験が生かされ、地震直後の適切な避難行動により人的被害が最小限に食い止められた地域もあった。

3　復興と奉仕と

〈天譴論〉の発生

「関東大震災がなぜ起こったか」という疑問を科学を離れて無理につくり、大震災を堕落した社会への制裁とみなす〈天譴《てんけん》論〉を主張した人びとがいた。そのなかには実業家の渋沢栄一（1840〜1931）やキリスト者の内村鑑三（1861〜1930）などもいた。

日本資本主義化の推進者であり、当時のオピニオンリーダーともいうべき渋沢栄一は、震災直後に新聞紙上で次のように記した。

大東京の再造についてはこれは極めて慎重にすべきで、思うに今回の大しん害は天譴だとも思われる。明治維新以来帝国の文化はしんしんとして進んだが、その源泉地は東京横浜であつた。それが全潰したのである。しかしこの文化は果して道理にかないい、天道にかなった文化であったろうか。近来の政治は如何、また経済界は私利私欲を目的とする傾向はなかったか。余はある意味において天譴として畏縮するものである。

（『報知新聞』1923年9月10日付夕刊）

こうした渋沢の〈天譴論〉にたいし、芥川龍之介が批判している。

この大震を天譴と思えとは渋沢子爵のいうところなり。だれか自ら省れば脚に疵なきものあらんや。脚に疵あるは天譴を蒙るゆえん、あるいは天譴を蒙れりと思い得るゆえんなるべし、されど我は妻子を殺し、彼は家すら焼かれざるを見れば、だれかまたいわゆる天譴の不公平なるに驚かざらんや。不公平なる天譴を信ずるは天譴を信ぜざるにしかざるべし。否、天の蒼生に、——当世に行わるる言葉を使えば、自然の我々人間に冷淡なることを知らざるべからず。

（「大震に際せる感想」）

大震災はブルジョアとプロレタリアを分かつことはなく、猛火は仁人と潑皮を分けへだてはしない。東京市民をあたかも「獣心」である、一切の人間を禽獣と選ぶことなしなどというのは、意気地なきセンティメンタリズムにすぎないと芥川は言うのだ。

だれか自ら省れば脚に疵なきものあらんや。僕のごときは両脚の疵、ほとんど両脚を中断せんとす。されど幸いにこの大震を天譴なりと思うあたわず。いわんや天譴の不公平なるにも呪詛の声を挙ぐるあたわず。ただ姉弟の家を焼かれ、数人の知友を死せしめしが故に、已み難き遺憾を感ずるのみ。我等は皆歎くべし、歎きたりといえども絶望すべからず。絶望は死と暗黒とへの門なり。

（同前）

芥川は、「天譴なり」などという言葉を信じるべきではない、冷淡な自然の前に、「アダム以来の人間」を樹立し、「否定的精神の奴隷」となることがないようにと戒める。「アダム以来の人間」「否定的精神の奴隷」というきわめて文学的表現で、芥川は天譴論をなじる。素朴であるがゆえに手に負えず、しかも、渋沢をはじめとする社会的有力者たちが「天罰」を口にしたことにたいし、感覚が鋭敏で理知的な文人は、難解なメタファーでしか応じることができなかったことになる。非常時においては、短絡的で類型的な言説が幅を利かせ、理性は疎んじられもするのだ。

なお渋沢栄一は、地震が起こったとき日本橋兜町の事務所にいた。事務所は倒壊をまぬかれたが大きなダメージを受け、渋沢もあわやのところを助けられる。そして隣の第一銀行で昼食をとった後、王子にある家に帰り避難している。震災後には、「大震災善後会」を発足させて義損金を募り、海外にも呼びかけて、大企業関係者、経済界、商工会議所、教会関係の重要人物に電報を打ち、アメリカからは13万ドルを超える義捐金を集めた。また、臨時の病院を設けたり、炊き出しを実施したり、避難所などの対策にも取り組み復興に尽力していることを付けくわえておこう。

没落にたいするカタルシス

内村鑑三も婦人雑誌のなかで、この渋沢栄一の言を引用しながら、「実に然《しか》りであります。有島事件は風教堕落の絶下でありました。東京市民の霊魂は、その財産と肉体が滅びる前に既に滅びて居たのであります。斯かる市民に斯かる天災が臨んで、それが天譴または天罰として感ぜられるるは当然であります」と断言している。この引用に出てくる「有島事件」とは、作家の有島武郎が『婦人公論』記者の波多野秋子と心中した事件を指し、この事件は当時の世相をにぎわして、震災直前の話題を独占したスキャンダルだった。

震災を成金や資本家にたいする天譴と考え、彼らが一夜にして無一物になったことを「因果応報」だと捉え、彼らの没落にカタルシスを感じる人びともいた。

また東京朝日新聞の記者だった杉村楚人冠《そじんかん》（1872〜1945）は、こんなふうに記す。

地震で東京が焼けて一面の野原になってしまったのを見たとき、あわれなという感じよりも、何だかそうれ見ろといって見たいような気が腹のどこかやらでした。それが私ばかりかと思ったら、大分同じ思いをした人があるらしい。怪しからぬことかも知れぬが、実際そんな気がしたのだから仕方がない。

（「余震」）

そんな楚人冠もじつは震災で二人の息子を亡くしていたのだ。

「バラック」への視線

関東大震災で自宅が被害に遭った罹災者は約200万人にのぼったとされ、その多くは公園や広場に避難した。東京市では芝離宮や明治神宮外苑などに、計2万3000戸のバラック建設が計画され、9月8日から10月初めにかけて続々と完成していった。また、学校、官公庁といった公共施設、富豪の邸宅、社寺なども開放され、銀座や日本橋をはじめとする地域には商店や企業のバラック事務所が立ち並び、応急の避難所となった。

「バラック（barrack）」はもともと、法規を遵守した建築に対置される仮設建築のことだが、震災で家屋を失った罹災者たちは、地震の翌日からあり合わせの部材をかき集めて、仮の住まいを建てはじめたのである。

政府や自治体は、市街地建築物法（現・建築基準法）に則って建築していては住居の供給が間に合わないため、制限の適用除外を認めた。いわゆる「バラック勅令」が公布され、1年以内に着工し、5年以内に除去する場合は、簡易な家屋の建築が可能になったのである。

こうして明治神宮や日比谷公園など数千人規模の避難民を収容する直営バラックには、広範囲から避難民が集まり、小学校の焼け跡に設置された小規模バラックには、周辺の地区住民が集まった。震災から2か月後の11月15日の時点では市、区の管理するバラックは101か所、総建坪5万7886坪、収容世帯数2万1367世帯、8万6581人に及んだ。

柳田国男の薫陶を受けて民家の研究をしていた今和次郎《こんわじろう》（1888〜1973）は、麹町区富士見町（現・千代田区富士見）の自宅で地震に遭い、勤務先の早稲田大学に近い新宿区富塚町（現・新宿区戸塚町）の借家に移るなど、事後処理に追われた。そして地震から約

3週間経った9月20日から10月30日にわたって、大坪重周とともに被災地に立つバラック群を記録しはじめたのである。

災害の焼け跡を、私はノートを持って、いろいろな記録をとるために歩いていたとき、途上であったひとりの友人に、「今度は田舎へ行かんでも研究ができますね」とあいさつされて、まごつきながら自分の興味を調べてみて、「ほんとうにそうだ」とうなずかなければならなかったのです。

（中略）帝都復興！　そのためには被災者たちは一日も早く避難小屋、あるいは被災小屋を捨てて新設のバラックに住むようにしなければ——との理屈は肯定されるべきとなるのです。

（「震災バラックの思い出」）

今和次郎は、東京市が準備した公共バラックよりも、あり合わせの用材でつくられたバラックを次々と採集する。そして、路地の奥で貧しい人びとが建てた、粗末なバラックの前で立ち止まる。今の震災記録は、最初はカメラによる撮影だったが、やがてスケッチに移っていった。

今が描いた震災バラックのスケッチには、倒壊の跡地、火災の跡地で見つけてきたさまざまな用材を組みあわせ、仮の宿りでも住み心地や見栄えを工夫する庶民のヴァイタリティが写しとられているのだ。

今和次郎はその後、東京美術学校の後輩や若手の芸術家とともに、「バラックを美しくするための仕事一切」を標語に、住宅や商店などのバラックにペンキで絵を描くといった活動を展開した。無味乾燥なバラックに前衛的なデザインを施し、芸術をとおした復興を意図したものだ。

> バラックを美しくする仕事一切――商店、工場、レストラン、カフェ、住宅、諸会社その他の建物内外の装飾
>
> （「バラック装飾社宣言文」）

今らは「バラック装飾社」を名乗り、尖鋭なデザインで日比谷の食堂、神田の書店、銀座のカフェ、芝の金物店などを次々と装飾していった。代表作である銀座の「カフェ・キリン」では、壁面に口を開けたキリンを激しいタッチで描き、また神田の「東条書店」ではダダイズムを意識し、動物のようなものと渦巻き紋様を描いた。彼らは震災復興が進み、

バラックの建設が少なくなった翌年6月までに、10軒近くの物件を手がけた。

今は1925年（大正14）、吉田謙吉らとともに復興著しい東京・銀座の風俗調査をおこない、『婦人公論』7月号に発表して話題を呼んだ。今と吉田らはこの調査を皮切りに、社会のあらゆる分野にわたって、生活の変容をありのままに記録し研究する「考現学」を提唱し、推進していくことになる。しかし、彼らが評判を呼んだ銀座のあとに選んだ調査地は、震災で大きな被害を受けたにもかかわらず、その後には木造長屋が再建されただけの本所深川だった。つまり今らは、〈中央〉の復興の陰で地を這うように生きる、〈周縁〉の人びとに目を向けさせようとしたのである。

なお橘清作は『焦髪《くろかみ》日記』のなかで、死体の後片づけもまだ終わらないうちから、たくましく生活を再建していく人びとの姿を描いている。

……本所から浅草に足を向けると、状況は一変していた。あたりは一面の焼け跡だったが、浅草の観音様は無事であり、観音様も霊験にあやかろうと、参詣人で押すな、押すなの大賑わいであった。次いで、焼け野原のなかを上野広小路へと向かったが、ここでもすでに道の両側には、うどん屋、牛飯屋、すいとん屋、おでん屋など、ありとあらゆるバラック風の飲食店が軒を並べていた。そしてそこには、さまざまな服装をした避難民や労働者、女や子どもが、入れかわり立ちかわりして、喧騒をきわめているのだった。

表面的な都市の復興、庶民生活の復旧はおそるべき速さで進んでいったのである。

「ボランティア」の誕生

日本における「災害ボランティア」というと、だれしもが1995年（平成7）に発生した阪神・淡路大震災における積極的で多数のボランティアを思いうかべるだろう。しかし、ドイツ文学者・池田浩士《ひろし》の『ボランティアとファシズム——自発性と社会貢献の近現代史』などによると、関東大震災でも「学生ボランティア」が活躍し、罹災者救援に大きな役割を果たしていたことがわかる。

震災復興に欠かせない仕事を、自発的に無報酬で続けた学生救護団の活動は、日本の近現代史における「ボランティア元年」といえるものだった。そこで池田の著作をもとに、注目すべき彼らの活動を見ていくことにしたい。

ベルサイユ条約（1919年）でドイツ領から日本の委任統治領となったマリアナ諸島、マーシャル諸島、カロリン諸島など、南洋群島の視察を目的として海軍当局が企画した「東京帝国大学生南洋見学団」の一行は、約2か月半にわたる旅路からの帰途、八丈島の沖に差しかかったとき、「本日正午東京、横浜に大地震あり、全市大火災、近海航行の艦船は全速力で軍港に帰れ」という無線を受ける。翌9月2日、横須賀軍港に着いたものの、港内は油の流出で火の海で、駆逐艦に移乗し、16時ごろ芝浦岸壁に到着。焼け野の街を急いで東大に着いた。

大学は無事とわかったが、法学部の入り口あたりに、学外のものらしい多くの人びとがうろついていた。守衛の詰所で聞くと、約2000人の被災者が法学部の講堂その他に避難しているというのだ。そこで学生のうち数人は、その日から詰所に寝泊まりし、食物の配給、病気などに配慮した昼夜の見回りなど、避難民の世話をすることにした。それを聞いて多くの学生が続々と参加し、たちまち40人以上になった。

9月6日になると法学部教授・末弘厳太郎《いずたろう》が、避暑先の軽井沢から引き返して学生たちの活動に加わり、対外的に統率者の役割を果たすことになる。同じ法学部教授の穂積重遠もそれに次いで合流した。学生たちはまず、重点的にふたつの仕事に向かった。ひとつは大学のトラックで食糧を探し求めて、大学まで運ぶこと、もうひとつは大学構内の避難者をいくつかの集団に分け、それぞれに自治を委ねることで、調達した食料品や配分される慰問品などの自主的な管理を任せた。

「学生救護団」として

大学構内の救護がいきとどいていくと、「諸避難所中の極楽」だと評判になった。そのいっぽうで、上野公園の1万人の避難者の窮状が聞こえてくるようになる。

上野では食料の配給は区役所の炊き出しでおこなわれていたが、そのため多くの避難者は昼食を得るために、午前8時ごろから炊き出し所の前に行列しなければならなかった。また野菜などの副食物は全く配給されなかった。さらに公園内のいたるところに排泄物が散らされ、きわめて憂慮すべき衛生状態だった。

上野公園で活動する救護団体には、売名的なものも多く、救援物資の分配も公平性や実効性に欠けていたという。また、多くの医療団が人目に付きやすいところにテントを張り、旗を立てるだけで、医師もほとんど常駐せず、1万人の避難者の衛生・防疫の世話をするものはなかった。

こうした状況に黙っていられなくなった学生たちは、9月10日、末弘教授に向かい「上野支部」の開設計画をはかった。末弘教授の同意を得ると、翌朝30人の学生は鋤・鍬・シャベルなどをもって集まり、貨物自動車で上野公園に向かった。学生たちは、ただちに公園の1か所に小屋を建て、避難している人びとに趣旨を説明し、人びとを14の地区に区分し、それぞれに委員長などの役目を設けさせた。そのいっぽうで区役所や警察に協力を要請するとともに、鍬や鋤をふるって便所を新設し、汚物を掃除した。

学生たちの協力要請に冷淡な態度だった官公署も、彼らの行動を見て次第に協力的になり、食料の配給はすべて学生によっておこなわれることになった。学生たちは自動車で副食物の買い出しに回り、欠乏していた野菜類も配給できるようになった。さらに、売名目的の医療団が避ける防疫作業も、警察から防疫資材を提供されたことで実施し、慰問品の分配も彼らに委ねられ、それ以外は禁止された。学生たちはこのほかに、「尋ね人係」の開設や、「東京罹災者情報局」の設置もおこなった。

「学生救護団」といつからか呼ばれるようになった学生の一団は、遅れていた新学期のはじまりを目前にした10月10日、活動に終止符を打つ。

「ボランティア」から「セツルメント」へ

学生たちの集まりは大震災罹災者支援という一時的な活動から、大震災で最も大きな被害を受けた人びとを支援する活動へと移行する。恒常的な貧民支援活動の拠点にするため、墨東（隅田川東岸）地区に「セツルメント」を開設したのである。

セツルメントとは、貧困地区に定住して宿泊所、託児所の設置、教育、医療活動などの社会事業をおこなう活動とその拠点をいい、日本ではロンドンで「トインビー・ホール」を見学してきた片山潜《せん》によって、1897年（明治30）から東京・神田三崎町の「キングスレー館」で実践的にはじめられた。こうした前史を経て、1924年（大正13）に服部之総《しそう》の依頼で、設計・今和次郎、図面・三浦元秀、現場監督・飛鳥哲雄により、本所柳島に「東京帝国大学セツルメント」が建設される。関東大震災の罹災者救済活動をきっかけに、セツルメントは東京府、神奈川県などで大きな広がりを見せていくが、その代表が東京帝国大学セツルメントだった。

しかし、こうした発展を遂げた学生ボランティアの自発性、社会貢献にたいする意欲は、じつは諸刃の剣でもあったことが、その後の戦局において明らかになっていくのである。

「快活なる運河の都とせよ」

1923年（大正12）11月1日刊の雑誌『女性』に、「帝都復興に対する民間からの要求」という識者にたいするアンケートの結果が掲載された（なおここには志賀重昂、馬場恒吾、高村光太郎、与謝野晶子ほかから答えが寄せられている）。そのなかに耽美派の作家と目される永井荷風（1879〜1959）が書いた「快活なる運河の都とせよ」がある。

聞くところによれば、政府にては米国より技師を招聘し都市再建の大事を委任いたす由に御座候えども、元来米国人の趣味は日本風土の美に調和いたしがたきこと事前例によって明白に御座候。もし外国よりぜひとも技師招聘の必要これあり候ものならば、フランス、イタリアこの二国にてしかるべき人物を択び迎えたきものに御座候。

（「快活なる運河の都とせよ」）

イタリアは日本と同じく震災の経験に富んだ国だから、実地にあたってもイタリア人の技術はアメリカ人より立ち優ることだろう。アメリカ人を招聘して彼らに習うような「恥辱」は幕末維新のときだけでじゅうぶんだと、荷風は言うのだ。

東京は東武平野の上に立てる都会なり。筑波おろし富士おろしなど申し候うて、とかく風つよく、雨はいつも斜めに降りつけるところに御座候。強雨襲い来たるごとに市中川沿いの人家また崖下の裏町といえば必ず浸水の害を蒙りたる次第にこれあり候間、このたび新都造営に際しては道路の修復とともに溝渠の開通には一層の尽力しかるべきやに存ぜられ候。都市概観の上よりしても東京市には従来の溝渠のほか、新たに幾条の堀割を開き舟行の便宜あるように致したく候。（同前）

急用があるものは電車や自動車で陸上を行けばよいし、時間に余裕があるものは舟で水上を行くようにすれば、雑踏を避ける助けにもなるだろう。京都は美しい丘陵の都会だが、これにたいして東京は快活な運河の美観をもつ新都にしたいものだと荷風は訴える。

帝都復興委員の人選に美術文学の士を加えざりしはいかなるゆえなりしや。わが国現代文明の程度もこれによって推測致さざる次第に御座候。政府は従来の習慣に従い文士画家を目して閑人となせしがためか。あるいはまた新都造営の大義に参与すべき能力なきものと思いしがためなるや。（ただしかく申したればとて小生は決して復興委員たることを欲するものにはこれなく候）（同前）

荷風はほかの文学者が執筆したようなメディア向けの震災記は残していない。フランス、アメリカへの洋行経験があり、海外の事情に通じた荷風はたんなる傍観者ではなく、東京の復興に向けた提案をしていたのである。

震災後に「水運復活」を唱えたのは荷風だけではなかった。

建築評論家・松葉一清の『「帝都復興史」を読む』によると、当時の東京は少なからず江戸の水運に頼っており、産業振興の決め手が運河だとする発想から抜けきれていなかったという。震災復興にかんする建議書でも、自動車による物流を綴ったものは皆無に近いいっぽうで、藤山雷太による京浜運河の開鑿《かいさく》や東京築港の必要性の訴求をはじめ数多く提案されていたのだ。東京市政調査会専務理事で帝都復興院の副総裁だった松木幹一郎の「市内運河の改良拡張に関する意見」はその代表的なものである。

運河水路の利用は陸上運輸に比較して、輸送力が頗る大であるのに加えてこれが運賃は至廉であるとの二つの点において、大いに陸上運輸より勝れているものであると認められる。今東京市の運河の現状を見るに、水路には閘門《こうもん》の設備がなく、また一般的に水利増進上の設備が欠けているために、潮流の関係によって其の深浅の度が一定していないのは大なる欠点である。これがために水路運用の全能力を発揮し得ないのは遺憾とするところである。これにくわえ風致と衛生とを害すること少なからざる現状なるを以て、これが完全なる施設を為して水利運用を向上するを肝要なりと認むるのである。

震災復興という「非常時」の提案ではあるものの、風致と衛生に配慮した提案は、東京の個性と魅力の有効活用がめざされているのではないか。

「大東京」の成立

内閣府「災害教訓の継承に関する専門調査会報告書」（2008年3月）の「1923関東大震災報告書　第3編」に収録された佐藤健二「『大東京』への変貌――『社会』という領域に焦点をあてて」によると、震災後の東京は、表面上は順調に復興して、それまで以上に巨大化していく。その巨大化の過程で生まれた「大東京（だいとうきょう）」という言葉は、行政の区域としては１９３２年（昭和７）10月の５郡82町村の東京市への編入で、旧来の15区に20区が加わった35区の市域を指すものだ。かつてないほどの大都市になった首都の総体を表象する言葉で、江戸の美称だった「大江戸（おおえど）」とは「大」の読みも意味も違う。

「大東京」は大東京社編『大東京市民の常識』（１９２１年）や渋田紅塔編著『関東大震災実記』（１９２３年）の副題に「焦土と化した大東京」とあるなど広域の「東京市」が制度として実現する以前から登場していたが、頻繁に用いられるようになるのは関東大震災以降のことである。中村舜二著『大東京綜覧』（１９２５年）、東京日日新聞社編『大東京繁昌記』（下町篇・山手篇、１９２８年）、今和次郎編『新版大東京案内』（１９２９年）、『日本地理体系三 大東京篇』（１９３０年）など、帝都復興祭がおこなわれた１９３０年前後には、東京を指しめす言葉となった。

「大東京」が誕生した背景には１９１９年（大正８）に市街地建築物法とともに定められた都市計画法にもとづき、22年４月24日の内閣告示によって設定された「東京都市計画区域」があった。その時点での東京市内15区を中心に据え、荏原郡、豊多摩郡、北豊島郡、南足立郡、南葛飾郡のすべてと、北多摩郡の2村を加えた1市の15区に、6郡の84町村をあわせた範囲が東京の「都市計画区域」に指定される。これはつまり、関東大震災の前に具体的な区域設定が打ちだされていたことになる。

「大東京」は「帝都」とともに「大都市」「メトロポリス(metropolis)」を想像させる言葉として使われた。それは、震災からの復興を「帝都復興」と表現した「大日本帝国」の「大」の意識ともつながっている。

第1次世界大戦後の経済発展のなかで、都市東京は急激に発展膨張し、都市化が急速に進んでいく。また生活様式の上で大衆社会、消費社会への変化が現われはじめていた。その舞台となった東京で、地震による既存の都市空間の破壊が起こったのである。

「いびつな近代」のはじまり

ここまで見てきたように関東大震災は大規模な自然災害という側面とともに、さまざまな矛盾を露呈させた〈社会的事件〉だったことがわかる。そして、ここでまた芥川龍之介に登場してもらい、震災後の日本の方向性を決めていった感情について述べておきたいと思う。

芥川龍之介の震災後の著作のひとつ「東京人」（雑誌『カメラ』初出時の題は「感想一つ」）には、こんなエピソードが記されている。

東京に生まれ、東京に育ち、東京に住んでいる僕はいまだかつて愛郷心なるものに同情を感じた覚えはない。また同情を感じないことを得意としていたのも確かである。元来愛郷心なるものは、県人会の世話にもならず、旧藩主の厄介にもならないかぎり、いわば無用の長物である。東京を愛するのもこの例に洩れない。とかく東京東京とありがたそうに騒ぎまわるのはまだ東京の珍しい田舎者にかぎったことである。

（「東京人」）

——そう僕は確信していた。

芥川は大地震の翌日、「野口君」といろいろな話をしたという。この「野口君」は、東京・日本橋の呉服商・染色家の野口彦兵衛の次男・野口真造である。呉服屋である野口も、この日はふだんのような元禄袖の紗の羽織は着ないで、火事頭巾《かじずきん》のようなものに雲竜の刺子《さしこ》という装いだった。芥川が「罹災民は続々東京を去っている」と言うと、

「そりゃあなた、お国者はみんな帰ってしまうでしょう。――」

野口君は言下にこういった。

「その代りに江戸っ児《こ》だけは残りますよ。」

（同前）

という会話がなされた。

芥川は野口の言葉を聞いたとき、ある心強さを感じた。それは野口の服装のためか、空を濁らせた煙のためか、大地震におびえていたためかはっきりしなかった。その瞬間、芥川も〈愛郷心〉に似た勇ましい気持ちがし、心の底に、それまでは軽蔑していた「江戸っ児」の感情が、自分にもいくぶんか残っているらしいと思ったのだった。

こうした芥川の感情は、震災以前にはなかった〈郷愁〉が、未来への批判的展望を覆いかくしていったことを示しているのではないか。そして「江戸っ児（子）意識」とでもいうべき〈愛郷心〉はやがて〈大衆ナショナリズム〉につながっていくことになる。ここでいう〈大衆ナショナリズム〉とは下からの国家主義というべきものであり、震災によって震えた郷土にたいして生じた、それまでになかった郷愁が、やがて政治にからめとられていくのである。

文明史的転換の機会を失う

最後に取りあげた〈愛郷心〉の生成という事態を含めて、この章では次のような問題や感情を見てきた。

大災害に当事者性をもって向きあったかどうか。あるいは客観的観察、リアリズムを口実にした傍観者的態度も透けて見える。大災害を天災、あるいは天譴として合理化することは、未来の災害にたいする教訓になりえたのだろうか。混乱や流言蜚語に便乗して発揮される暴力性はスキャンダルにとどまったように思われる。

情報の取捨選択は、結果的に無関心に流れ、災害の〈中心〉と〈周縁〉をつくりだしていく。そして、眼前の破滅的状況は、諦念とともに観念的な郷愁（ノスタルジア）を生みだしていったのである。

関東大震災は〈近代化〉の途上にある日本の首都を襲うことで、文明史的転換に結びつく契機となる可能性をはらんでいた。また近代的意識にもとづく〈当事者性〉や、災害を〈事件〉として、あるいは〈社会現象〉として検証していく理性をもちえたかもしれない。しかし当時の人びとは批判的転換の機会を逃し、震災の呪縛にとらわれていくことになるのである。

第二部　100年の呪縛

1 破壊から生まれた〈郷愁〉

1923年10月、「帝都復興計画」が立案される——首都は〈近代化〉されたか

「東京復興」への道

大震災から2か月が経った1923年(大正12)の10月、総裁・後藤新平(1857〜1929)の主導により帝都復興院の「帝都復興計画」大綱が立案された。この復興計画をみるには、大震災がどのような社会情勢のなかで東京を襲ったかを知っておく必要がある。

日清・日露戦争を契機に工業化がはじまった日本は、1914年から18年の第1次世界大戦以降、工業立国に転換していく。それにともない1907年(明治40)ごろに約200万人だった東京市の人口は、22年には250万人弱に増加し、15区の範囲を超えて市街化が進展した。1920年11月、田尻稲次郎東京市長が辞職し、内務・外務大臣などを務めた後藤新平が12月に第6代東京市長に就任した。後藤は助役を高等官僚で固め、佐野利器《としかた》

など6人の学者・実業家らを顧問に招き、市政の刷新と政策立案に取り組みはじめる。

震災以前、納税額によって選挙権が定まる制限選挙制度の時代だったが、新聞や雑誌の普及も目覚ましく、明治後期の就学率向上や中等教育の普及が大正デモクラシーを支えていたのである。

前掲した松葉一清の『「帝都復興史」を読む』によると、後藤は1857年（安政4）、現在の岩手県奥州市に生まれ、一度上京した後、福島県の須賀川医学校で学んだ。愛知県病院などを経て、内務省に勤め、公衆衛生の専門家イギリス人ウィリアム・バルトンと出会い、東北の衛生調査の現場で親交を深めた。その後ドイツに留学し、ミュンヘン大学で医学博士号を取得して帰国する。松葉は、医師だった後藤が都市計画に転じたのは、児玉源太郎が総督を務めた台湾総督府時代にバルトンとともに進めた水道整備事業や、やはり児玉の推挙で就任した南満洲鉄道株式会社（満鉄）の総裁として長春の都市づくりを手掛けた成功体験によるという。そして、後藤は医学という「理科系出身」ゆえに、政治家になった後も、つねに「科学」を発想の源においたと評価する。

震災に先立つ1921年に、東京市長を務めていた後藤は、市部で人口200万人に急膨張した東京を大改造する計画「東京市政刷新要綱」（「8億円計画」）を発表する。江戸の旧状が近代都市としての足手まといになっていた東京を、予算総額8億円で新たに街路の整備などを進めて一新する壮大な計画で、16の重大事業として重要街路整備、街路工作物の整理、社会事業施設、小学教員機関の拡充、下水改良、港湾修築・水運改良、大小公園や広場の整備といった内容が含まれていた。しかしこの計画により後藤は、「大風呂敷」の異名を付けられることとなる。

後藤はこの計画を実現できないまま、1923年4月に東京市長を辞職したが、その間に教育環境の改善、託児所、市営住宅の設置などの社会事業が進んだ。

1922年2月、後藤を会長に東京市政調査会が設立され、同年9月にニューヨーク市政調査会のチャールズ・A・ビーアド博士を招請、東京市制の調査を依頼した。ビーアドは翌年3月まで滞在し、6月に意見書「東京市政論」を提出した。このように東京市では都市問題の高まりに応じて、震災以前に社会政策や都市計画が動きだしていたのである。

「帝都復興院」の発足

震災1週間前の1923年（大正12）8月24日、加藤友三郎首相が死去し、同月28日に山本権兵衛に組閣が命じられる。山本は、政友会総裁・高橋是清、憲政会総裁・加藤高明をはじめ、元首相や首相候補者を入れた挙国一致内閣を構築しようとしたが、彼らから入閣を拒まれ、後藤新平も閣外協力にとどまるつもりでいた。しかし、9月1日に大震災が発生すると、後藤は翌2日早朝、山本のところに駆けつけ、入閣することとなった。こうして第2次山本内閣が発足し、後藤は内務大臣に就任する。

ちなみに、余震のさなかに発足したこの内閣を、演歌師（明治後期から昭和の初めごろまで、盛り場や街頭でバイオリン、アコーディオンなどを弾きながら流行歌を歌い、その歌詞の本を売った楽士）の添田唖蟬坊《あぜんぼう》（1872〜1944）は、帝都復興を皮肉った「コノサイソング」で「バラック内閣」と呼んだ。

後藤は震災翌日の2日の夜から想を練り、「帝都復興根本策」を記している。その内容は、

一、遷都すべからず
二、復興費に30億円を要すべし
三、欧米最新の都市計画を採用して我が国に相応しき新都をつくる
四、新都市計画実施のために地主にたいして断固とした態度をとる

というものである。

後藤はさらに、「帝都復興の儀」を4日に起案し、5日に浄書、9月6日の閣議に提出する。「震災を理想的帝都建設の為真に絶好の機会」とし、まず首相を総裁に「臨時帝都復興調査会」を設置するというもので、具体的な課題として後藤は次の3点を臨時帝都復興調査会で提起した。

一、復興に関する特設官庁の新設
二、復興経費支弁の方法
三、罹災地域における土地整理方法

これらにかんする議論は第一項については、「独立の機関を設置し、さらにその諮問機関を設けること」、第二項についても「経常費支弁は原則として国費支弁により、これに充当する財源としては長期間の内債及び外債を募集すること」で決した。第三項については、後藤は次のような提起をしている。

「罹災地域は公債を発行して、これを全部一旦政府に買収し、徹底的に整理を断行したる後、適当の時機を見て、これを個人または公共団体に売却、あるいは貸付の方法を執ることとしてこれを閣議に諮った」。しかしこの提案は実現性を疑われて、議論は次のように決した。「罹災地全部を買収することは方法として実に理想的であるが、その範囲すこぶる広く、これを全部買収する費用はすこぶる巨額にして、災後財界不況の際、到底実現し難き理由を以て採用されなかった」。

後藤の構想は、結果的に実現に至らなかったものの、迅速かつ大胆なものだった。

「詔書」の効力

9月12日、震災から2週間を待たずに摂政宮（のちの昭和天皇）が「詔書」を発する。

1000字近くに及ぶこの「詔書」は「帝都は永遠に帝都である」ことを明示することが、最大の目的だった。そしてこの「詔書」において「帝都復興」という言葉がはっきり示された。

「そもそも東京は帝国の首都にして政治経済の枢軸となり、国民文化の源泉となりて、民衆一般の瞻仰《せんぎよう》するところなり。一朝不慮の災害に罹りて今やその旧形を留めずといえども、依然として我が国都たるの位置を失わず」

「これを以てその善後策は、独り旧態を回復するに止まらず進んで将来の発展を図り以て巷衢《こうく》の面目を新にせざるべからず」「朕は宰臣に命じ速に特殊の機関を設定して帝都復興の事を審議調査せしめ、その成案はあるいはこれを至高顧問の府に諮い、あるいはこれを立法の府に謀り籌画《ちゆうかく》経営万遺算なきを期せんとす」。

「詔書」の案文を起草したのは、枢密顧問官の伊東巳代治で、伊東は山本首相の意を受けて筆をとったという。そしてこの「詔書」は帝都復興実現のため繰りかえし言及、引用されていく。

9月27日に内務大臣が総裁を兼任する「内閣に直属する帝都復興院」になった。復興院の総裁は後藤新平、以下、宮尾舜治、佐野利器、池田宏、稲葉健之助、太田圓三、十河信二をはじめ、後藤が台湾総督府、逓信省、鉄道院、内務省などで有能と認めた人材が集められた。

10月19日の理事会と幹部会で、焼失区域の復興計画の骨格が定まる。幹線道路の幅員は30間以内で、重要路線12線、補助線は幅員6間以上、土地収用は焼失区域1100万坪にたいし230万〜250万坪。幹線道路には地下鉄道を通し、隅田川をはじめ各河川を拡幅・浚渫《しゆんせつ》（水底の土砂などを掘りあげる工事）。日比谷、上野、芝などのほかにも大公園を開設し、市内数十か所に小公園を設置し、中央卸売市場、魚・青物の分場を設ける計画だった。

10月23日に理事会は復興計画の骨子を決定。概算で13億円となった。後藤は閣議に費用

13億円で5か年継続事業とする復興の「基礎案」と「帝都復興計画大綱」を報告し、閣議の了解を求め大筋が認められた。

11月24日に高橋是清、加藤高明など両院の代表的議員、財界を代表する渋沢栄一、山本権兵衛以下の閣僚らを委員に第2回「帝都復興審議会」が開催される。この審議会で枢密顧問官・伊東巳代治が政府案に反対を唱え、政府は計画を変更せざるをえなくなる。

伊東と後藤は親交があり、後藤が東京市長時代、震災の2年前に「東京改造計画」を打ちだしたことを伊東は知っていた。伊東が起草した「詔書」が、後藤の都市計画にたいする考えを反映するものだったのは、そうした事情が背景にあった。しかし、ここで伊東は後藤に反旗を翻したのだ。伊東が後藤の構想に反対した理由は明らかでなく、伊東が銀座の大地主だったせいだという俗説が流れた。

同月27日に復興院幹部会が開かれて計画変更作業がはじまる。そこでは、7億2977万円の事業は5億9770万7000余円に縮減され、また期間5か年に短縮することなどが表明された。当初は復興全体に及ぶ「帝都復興法」だったが、都市計画の手続きに限定された特別法になった。帝都復興院は、事務費予算がゼロとされ、ここに廃止が決まる。

そうしたなか、12月27日の午前10時、議会の開院に向かう摂政宮に難波大助が発砲する

「虎の門事件」が発生する。開院式後、その責を負った形で山本首相は全閣僚の辞表をまとめて提出した。同月29日に山本内閣が総辞職し、12月31日に元老・西園寺が清浦奎吾を首相に推薦し、1月7日に清浦内閣が成立。内務大臣・帝都復興院総裁には水野錬太郎が着任した。

１９２４年（大正13）2月25日に内務省に復興局が設置され、復興院は廃止される。復興局では直木倫太郎局長のもと、幹線及び補助線街路、区画整理事業区域、運河、公園、市場、防火地区、地域制などが25年3月までに順次決定されていった。

震災前から東京の都市改造に取り組み、震災後にも迅速に動いた後藤の復興プランは、規模も内容も変わってしまったのである。

復興・整備の実際

復興局による具体的な復興、整備作業の実態をみていくことにしよう。

東京では焼失区域１１００万坪の8割に及ぶ９２０万坪を65地区に分けて、復興局と市が分担して土地区画整理事業を実施することになる。街路は90パーセント近くが舗装され、歩道や街路樹、照明が完備した近代的な道路が出現した。復興事業によって１９２１年

（大正10）の舗装率9パーセント弱は、1935年（昭和10）末には旧市部については91パーセント強にまで達した。

結果として20万棟を移転する大事業になり、狭い路地と町屋や長屋が密集した昔ながらの街並みが一掃され、街路、公園などが整備された整然とした近代的街並みが出現したのである。

東京では維新後に水運が衰退したが、それでも震災前の年の市内出入鉄道貨物総トン数の3割余が水運によって集散され、街路の100倍の輸送力をもっていた。この水運の復活と東京築港構想が重点事業のひとつとなった。つまり、永井荷風が「快活なる運河の都とせよ」で提案した水運の復興の一部が採用されたともいえよう。

復興事業では河川運河の改修が11か所（小名木川《おなぎがわ》ほか）、新鑿《しんさく》が築地川・楓川連絡の1か所、埋め立て1か所、合計13路線1万5080メートルが計画された。改修にあたっては、運河の線形を直線化し、交差点や屈曲部に隅切りを施し、より大きな船が航行できるよう運河の浚渫や拡幅がなされ、運河に架かる橋の橋梁径間も広げられた。

浚渫の背景には、下町でたびたび水害が発生していたこともあった。しかし、復興事業の完成から20年後の戦災復興期に河川運河や旧濠割が埋め立てられる。昭和前期には自動車による陸上輸送が次第に隆盛を迎えており、復興期には水運がすでに衰退しはじめていたとみられる。なお市民からも水面の縮減を求める動きがあった。

復興・整備の過程でも、1924年（大正13）3月、施行地区を告示したころから反対運動が起こっている。反対の理由としては、減歩、換地への不満、街路の位置、借家問題などである。

3月19日には神田区に延期同盟会ができ、翌日、神田区会で延期要望決議が出され、日本橋や京橋、下谷などにも広がった。これにたいし復興局は、パンフレットの発行や標語募集、講演会の開催など啓蒙活動を展開。また、東京市政調査会が主唱し、15学会からなる「帝都復興連合協議会」がつくられた。1924年夏ごろには反対運動は終息し、10月には第6地区に移転命令が出され、年末には換地設計完了地区が多数になった。

復興に期待した庶民の側でも、政府主導の計画にたいし、戦前の状況下で抵抗の動きがみられたのである。つまり、理想の復興を実現するための「市民運動」に近いものがあったということになる。

立ち消えた「遷都論」

壊滅的状況を呈した首都の惨状にたいし、首都を別の場所に移そうという議論が生まれる。被害の全容の判明途上の9月3日ごろから、地震に強い地域に首都を移すべきだという「遷都論」が一部から出はじめたのだ。

首都移転は当時の陸軍内部でも議論され、上官から極秘裏に検討を命じられたある軍人は、「遷都の第一候補は朝鮮半島の京城の南の竜山、第二候補は兵庫県加古川、やむをえぬときは東京の八王子付近」という案を出した。震災対応や防空、大陸進出なども考え、3つの候補地を挙げたという。

『大阪朝日新聞』でも9月9日付朝刊の一面に「論説　帝都復興と遷都論　国民多数の希望を容れよ」の見出しが掲載される。その記事の内容は、「近畿は関東に比べて大きな天災が少なく、台湾、朝鮮半島が支配下にあることから、地理的にも日本の中心といえる。再び京都への遷都を求める声が出ている。大阪や神戸にも近く、物資も安定供給できる。引き続き首都は東京にすると速断せず、広く国民の意見をいれて決めてほしい」というものだった。

「遷都」のうわさは、帝都の存在そのものを根底から揺さぶった。ただ、未曽有の混乱のなかでの遷都論は人心の動揺をもたらすという意見も出て、陸軍の検討案は立ち消えになる。

また決定的だったのは、9月12日に伊東巳代治が起草した「帝都復興に関する詔書」が発布され、「東京は帝国の首都にして政治経済の枢軸」と明示されていたことである。この詔書が発布されたことにより遷都論は消滅し、震災発生から2週間足らずで、東京から遷都しないことが正式に決まったのである。

大災害が起こるたび、あるいは大災害の可能性が取りざたされるたび、「遷都」や「分都」の議論が起こる。しかし、そうした議論は一過性になりやすく、一種の流行のように忘れられてしまう。為政者も庶民も、「首都」の座を明けわたしてしまうことを、まだ発生していない災害を前提に議論することに躊躇していたのだろう。

女性と復興

『「帝都復興史」を読む』によると、帝都復興事業には、当時の社会状況もあって女性の姿を見いだすことができないという。

明治維新以来、女性の社会進出が進み、平塚らいてうらの「青鞜」運動などもあったが、男子の普通選挙権さえ確立されていなかった。そんななかで、東京市政研究会理事・岸本市太郎の建議書「復興院参与等に婦人の参加し得る事を望む」は、復興に際しての女性の役割を強く訴える（以下、引用文は前掲『「帝都復興史」を読む』による）。

一般婦人の覚醒は近時男子に劣らざるものあるとともに、大詔の御趣旨にも添うことにして、各種の社会事業は夫人の意見を基礎として参考として施設すべきことは最も緊要なることでありまた適当なる措置であると推察するものである。（中略）前言の次第に依りて今回の帝都復興事業計画の実現にあたっても、その諸施設に婦人の意見を参酌することは最も必要と認められるものにして、この機会にあたって日本全体の婦人中より代表的な権威者数名を選抜し、復興院の参与または評議員として復興事業に参加しうるよう取り計らわれたきことを希望するものである。（中略）帝都の復興は女性消費責任に俟《ま》つことが大なるものあるとともに、また物資の配給の如きは、婦人の活動を必要とし、其細密なる理性とよく合致するところあるがゆえである。されば電気諸施設、瓦斯《ガス》諸施設、及び上下水道の直接夫人に関係ある事業にありては、最も婦人の意見を尊重して合理的なる施設をなすことが緊要なる次第と思考されるのである。

松葉が指摘するとおり、「女性は家庭の婦人」だと決めつけ、解放にはほど遠い内容だが、復興にかんする建議書のなかで、女性の活用にふれた唯一のものであった。

議論されなかった未来

東京では、1930年（昭和5）3月、「帝都復興祭」がおこなわれ、この段階で帝都復興事業はほぼ完了する。なおこの祭典の目的は、「天皇陛下に復興した帝都の実情を実際にご覧いただき奉告すること、内外の多大なる援助にたいして復興を報答し盛大な事業を記念しようとすること」だった。

後藤新平は、復興計画の最初の段階で、「帝都の復興」を都市復興のみならず災害救護や生活・産業の復興まで国が直轄でおこなうという発想をもっていた。しかし、財政や諸勢力との関係のなかで帝都復興院の仕事は「焼け跡の市街地復興」に限定され、しかも東京市・横浜市が多くの事業を負担して展開することになる。復興事業のこうしたありかたは、日本における災害復興において、国の役割は薄められ、道路や宅地が事業の中心になるという先例をつくるものになった。

復興当初には、東京市郊外部の街路計画も含んでいたが、計画縮減のあおりを受けて実施されたのは焼失地のみだった。郊外部では東京府が震災前から進めていた「東京大道路網計画」による改修工事がおこなわれたが、幹線道路を一歩入るとこれまでどおりあぜ道や農道で、そこに急激に宅地化が進行したのである。

関東大震災を経て近代都市計画は実体化し、土地区画整理事業や幹線道路整備が全国の都市に広がっていくことで、都市景観の画一化も進んでいった。

震災は〈近代化〉がままならない東京を「更地」にする、絶好の機会となった。ここでいう〈近代化〉とは都市の表層をおおう建築・街路といった外面だけではなく、社会制度、社会政策、ひいては人びとの内面が〈近代化〉することである。しかし東京は、日本の社会のそうした理想や期待とは別の方向に進んでいく。

その帰結が、現在に至るまで、都市や都市生活にたいする合理的、社会的、批判的な態度が育まれない事態につながる。そして遷都論が立ち消えになったように、東京中心主義と地方との格差の是正は、果たされないままになるのである。

1925年秋、柳田国男が「民俗学」を創始する――下町の惨状を契機に

雑誌『民族』創刊

大震災以降、〈近代化〉とは異なる潮流、風俗が次々と生みだされていく。そのひとつが、民俗学が自覚的に歩みだしたことである。

1925年（大正14）11月、柳田国男（1875〜1962）が岡正雄、有賀喜左衛門らと雑誌『民族』を創刊した。実質的にこれが「日本民俗学」の幕開けだといえる。

農政官僚出身で1909年（明治42）に『後狩詞記《のちのかりことばのき》』、翌10年に『遠野物語』と『石神問答』を刊行した柳田は、これらの著書を執筆した明治時代の終わりには、まだ「民俗学」を推進していく強い意志をもってはいなかった。しかし、関東大震災における被害の〈格差〉を知ることで、民俗学の目的を自覚したのである。

柳田は、関東大震災発生時にはイギリスのロンドンにいた。1921年（大正10）から務めていた国際連盟の委任統治委員を辞し、日本に帰国しようとしていた。

在留邦人たちは、「ほとんどありうべかざる母国の大災難の報に接して、動顛しない者

は一人もいないという有様であった」（「南島研究の現状」）という。そして、林権助駐英大使の家に、デンマークで開催された万国議員会議に列席した数名の代議士が集まり、悲しみと憂いの会話を交えているとき、あるひとりの年長議員が、「最も沈痛なる口調」で「これはまったく神の罰だ。あんまり近頃の人間が軽佻浮薄《けいちょうふはく》に流されていたからだ」と言った。

私はこれを聴いて、こういう大きな愁傷の中ではあったが、なお強硬なる抗議を提出せざるをえなかったのである。本所深川あたりの狭苦しい町裏に住んで、被服廠に遁《に》げ込んで一命を助かろうとした者の大部分は、むしろ平生から放縦な生活をなしえなかった人々ではないか。彼らがほかの碌でもない市民に代って、この残酷なる制裁を受けなければならぬ理由はどこにあるかと詰問した。（「南島研究の現状」）

柳田が日本への帰国後に、震災が起こったとき、多くの尊敬を集めている老人たちのなかに、熱烈に天譴論を唱えた人がいたことを聞いた。おそらくは渋沢栄一を指してのことだろう。そんな柳田は、震災における東京下町の甚大な被害状況を受けて、「こんなことはしておられないという気持になり、早速こちらから運動をおこし、本筋の学問のために起つという決心をした」という。

柳田の家族は茅ケ崎の別荘に滞在していて、家屋の倒壊によって妻の孝と義母の琴が負傷していた。柳田はすぐにロンドンを発とうとするが、帰国の船便が得られず、「やっと十月末か十一月初めに、小さな船をつかまえて、押しせまった暮に横浜に帰ってきた」(『故郷七十年』)。

ひどく破壊せられている状態をみて、こんなことをしておれないという気持になり、早速こちらから運動をおこし、本筋の学問のために起つという決心をした。そして十三年の春に二度の公開講演を試みたのである。(同前)

柳田が「本筋の学問」と言ったのは、大震災を境にようやく明確な形をとることになる「民俗学」にほかならない。

1929年から31年にかけては『都市と農村』『蝸牛考』『明治大正史　世相篇』といった著作を世に送り出し、『民間伝承論』のもとになる「民間伝承論大意」、『郷土生活の研究法』のもとになる「郷土史の研究法」など重要な講演が相次ぐ。こうして日本民俗学は輪郭を明らかにしていくが、そのきっかけはまぎれもなく、大震災による〈格差〉への目覚めにあった。

「新民謡」の誕生

多くの人がデモクラシーに目覚めたというイメージが強い大正時代は、日本の伝統文化再発見の時代でもあった。こうした伝統をアレンジし、大衆化する動きは、関東大震災を境に加速していった。

日本的な音楽を西洋音階で作曲する「新民謡」、和楽器での新規作曲をする「新日本音楽」、日本式の踊りを新たに振り付ける「新舞踊」、歌舞伎の新作などが挙げられる。また、各地盆踊りの価値も見直されて、民謡や民俗芸能の発掘、保存活動につながっていった。こうした流れは関東大震災によって加速し、定着していったとみてよい。

1919年（大正8）、民謡採集の旅に出かけ、茨城の水戸、大洗などをめぐった作詞家の野口雨情（1882〜1945）と作曲家の中山晋平（1887〜1952）は、21年に「枯れすすき」をつくった。「おれは河原の枯れすすき」ではじまり、現在も愛唱されるこの曲は、

1年後に「船頭小唄」と改題されて、大ヒットとなる。

「船頭小唄」の大流行のさなかに、関東大震災が起こったことから、暗い歌詞、悲しい曲調は、大地震を予知していた「童謡《わざうた》」だったという説が流布した。

添田啞蟬坊は「船頭小唄」をもじって「俺は東京の焼け出され、同じお前も焼け出されどうせ二人はこの世では何ももたない焼け出され」という替え歌を歌っている。

新民謡の最初といわれる「須坂小唄」は1923年に完成。震災後の12月23日に東京帝国劇場で試演され、歌うだけでなく振り付けが加えられた。

新民謡の代表格は西条八十（1892〜1970）が作詞し、中山晋平が作曲した「東京音頭」である。現在も、東京ヤクルトスワローズの応援歌として知られ、「踊り踊るならチョイト東京音頭」ではじまるあの曲だ。元歌は、1932年につくられた「丸の内音頭」で、この歌をもとにタイアップして、百貨店の白木屋がデザインした水玉模様の浴衣が売り出されたことが流行に火をつけた。

「丸の内音頭」は1933年に歌詞を一部変えて「東京音頭」と改題され、小唄勝太郎、三島一声の唄で爆発的なヒットとなる。東京音頭は、芝公園から順に大会を実施してプロモーションをかけ、蓄音機を利用して地方も含め大会と講習が企画され、野村芳亭監督の映画『東京音頭』も製作された。

芥川が震災直後に自覚した「江戸っ児（子）意識」は、近代＝モダンと民俗＝レトロの両面を兼ねそなえた流行歌を生みだしていったのである。

盆踊りの「発見」

現在では夏の風物詩として伝統行事のようにみなされる「盆踊り」も関東大震災以降に「発見」されたものである。こうした日本回帰、あるいは伝統の組みなおしは、大震災による都市の壊滅的被害と、動揺した心を静めるための反動としてみることもできる。

１９２２年（大正11）に郡上おどり保存会が結成され、地域での盆踊り保存活動がはじまる。25年10月、全国各地の郷土舞踊と民謡を披露する「郷土舞踊と民謡の会」の第１回が主催者である日本青年館（東京・青山）で開催。翌年からは4月となり、27年と32年は中止となったが、36年まで計10回開催された。この会は、現在も日本青年館でおこなわれている「全国民俗芸能大会」のルーツである。

１９２６年には柳田国男が信州新野《にいの》（現・長野県下伊那郡阿南町）の「盆踊り」を見学し、「この踊りは盆踊りとして完全な特徴をもっている珍しいものなのでこの形を崩すことなく後世に伝えるように」と評価した。

新野の盆踊りは三味線、太鼓などの楽器を使わず、音頭取りと踊り子の掛けあいで四日三晩、続く。柳田は、最後の夜明けには、新盆の切子《きりこ》灯籠《どうろう》を送る「踊り神送り」がおこなわれることから、この盆踊りは祖先祭祀の古い姿を残すものだと捉えたのだった。柳田によって発見された当時、新野の盆踊りには12～13種類の踊りがあった。しかし、柳田の指導により、特徴のある7種類に整理されたのだ。つまりここでは、盆踊りという〈郷土〉芸能が、民俗学という近代知として発見されることにより、再編成をこうむっているのである。

レコードの発明と発展、ラジオの開始といったメディアの影響が、東京音頭の大流行につながる。そして東京の都心部にはそれまでなかった盆踊りが現われ、また盆踊りがなかった地域にも波及していく。

柳田国男の民俗学、「新民謡」の隆盛や盆踊りの発見は一連の流れのなかにある。つまり、大震災のために都市が破壊されることによって、それまでにはなかった〈郷土愛〉が創出されていった。こうした〈郷土愛〉は、それ自体としては否定すべきものではないが、「新」という装いをまとうことにより、地域共同体を離れて国家共同体をめざしていくことになる。これもやはり、上からの強制というより大衆自ら、下からの意志とみられるのだ。

添田さつきの「復興節」

新民謡が勃興し、民俗芸能が再発見されたいっぽうで、大震災を〈社会現象〉として捉えた歌もつくられてはいた。国産レコード大手の日本蓄音器商会は、横浜本社が全焼、川崎工場が倒壊した。東京で復興がはじまるとレコード需要が沸きおこる。11月に川崎工場が再開、12月半ば新譜の発売があった。そのなかにあったのが添田さつき（知道。1902〜1980）が作詞した「復興節」である。

ウチは焼けても　江戸っ子の　意気は消えない　見ておくれ　アラマ　オヤマ
忽ち並んだバラックに　夜は寝ながら　お月さま眺めて　エーゾエーゾ／帝都復興　エーゾエーゾ
嬶《かかあ》が亭主に言うようは　お前さんしっかりしておくれ　アラマ　オヤマ
「今川焼」さえ「復興焼」と　改名してるじゃないか　お前さんもしっかりして　エーゾ

エーゾ
亭主復興 エーゾ エーゾ
学校へ行くにも お供を連れた お嬢さんが 茹小豆《ゆであずき》を開業し アラマ オヤマ
恥ずかしそうに 差し出せば お客が恐縮して お辞儀をして受け取る エーゾ エーゾ
帝都復興 エーゾ エーゾ
ツンとすまして 居た事も 夢と消えたる 奥様が アラマ オヤマ
顔の色さえ 真っ黒で 配給米が欲しさに 押したり押されたり エーゾ エーゾ
その意気 その意気 エーゾ エーゾ

「復興節」は演歌師や何社ものレコードによって被災地各所に流れ、全国に広まった。またさつきの父・添田唖蟬坊も、「大正大震災の唄」や「コノサイソング」といった震災復興をテーマにした曲をつくっている。

いっぽう、クラシック系の音楽家による日本音楽連盟は「帝都復興協会」を組織し、連日慰安活動をおこなった。会員の小林愛雄の作詞、小松耕輔の作曲で「帝都復興の歌」が完成、10月29日に楽譜になって出版された。こちらは教員を通じて小学校で教えられ、児童などに歌われた。

一、陽は照る瑠璃の空の下 悪魔の群は跡もなし 若き光のさすところ 大地も人もよみがえる
二、今、新しき土の上 こころを堅く結びつつ 若き生命の輝やきに 真理を目指し進みゆく
三、今、音を合わせ槌は鳴る 最後の勝利望みつつ 強き力の寄るところ 不滅を誇る家を建てん
四、陽は照る瑠璃の空の下 怪しく暗き影はなし 清きわが世のあるかぎり 世界に誇る街を建てん

この歌詞は、添田知道の演歌と比べるとあまりにも楽天的で、「不滅を誇る」「世界に誇る」といった言葉には、具体的な復興のイメージは出てこない。大衆も被災から「元気になること」を希求し、その素朴さを批判することをはばかる空気は、いつの時代でも社会をおおってしまうのだ。

後藤新平のことを繰りかえし演歌の題材にした添田唖蟬坊とさつき父子は、大衆の目線から体制を批判し、大震災前後の時代の庶民感情をうたった。大震災を〈社会的事件〉をともなう〈社会現象〉として見、同調圧力や弱者にたいする無関心に抗した添田父子の作歌は、震災の呪縛にとらわれることのなかった貴重な営為であり、いま改めて見直すべき時代が来ているように思う。

1925年12月、民藝運動がはじまる——手仕事をとおした日本回帰

京都で命名された「民藝」

関東大震災で被災し、房総にいた兄の悦多を亡くした柳宗悦（1889〜1961）は、それを機に一家で京都へ転居する。

京都在住の陶芸家・濱田庄司の紹介で河井寛次郎と出会い、3人で弘法さん（東寺）や天神さん（北野天満宮）で開かれる骨董市に出かけ、「下手物《げてもの》」と呼ばれる雑器や布類を発見する。下手物とはごく当たり前の安物の品を指す言葉で、朝市に立つ商人が使ってい

たものだった。そしてこの下手物という言葉に代えて、「民藝」という言葉を柳や濱田、河井たちが使うようになったのは1925年（大正14）の暮れ、京都でのことだった。

1914年、声楽家・中島兼子と結婚して千葉県我孫子へ転居。同年、韓国で小学校教師をしていた浅川伯教が朝鮮陶磁器を手土産に柳を訪ねた。その器に魅了された柳は、16年以降たびたび朝鮮半島へ渡り、朝鮮工芸に親しむようになる。

民間で用いられる日用品にたいする柳の関心は、1924年からはじまった木喰仏《もくじきぶつ》調査や、濱田がイギリスから持ち帰ったスリップウェア、そして京都における下手物の蒐集などを契機に、「民藝」へと結実していく。「民藝」の「民」は「民衆や民間」の「民」、「藝」は「工藝」の「藝」を指すもので、柳らは、それまで美の対象として顧みられることのなかった民藝品のなかに、「健康な美」や「平常の美」といった大切な美の相が豊かに宿ることを発見し、そこに正当な工芸の発達をみたのである。

柳は独自の民藝美論を骨子とした初の本格的な工芸論『工藝の道』（1928年）を著し、工芸美の本道とは何かを説き、来《きた》るべき工芸のありかたを示した。また、1931年（昭和6）には、雑誌『工藝』を創刊する。この雑誌は、「暮らしの美」を啓発する民藝運動の機関誌として重要な役割を果たしていく。33年に東京に戻った柳は、36年目黒区駒場に日本民藝館を開設することとなる。

現在も、何度目かの「民藝」ブームが到来しているが、「民藝」誕生の背景に大震災の衝撃がもたらした復古的な感情があったことを忘れてはならない。

震災によって近代化が阻まれてしまったことが、保守的な感情を生み、仮構の〈郷愁〉を組織した。こうした運動や流行は〈郷土愛〉や〈愛郷心〉にとどまらず、〈ナショナリズム〉の入り口に立つことでもあった。

2 中央と地方と戦争

1933年3月、昭和三陸地震津波——近代以降二度目の惨禍

繰りかえされる大津波

関東大震災以降、首都圏には巨大地震がまだ襲ってきてはいない。そのいっぽうで、近代になってからも、津波災害に繰りかえしみまわれてきた地域もある。東北の三陸沿岸を

襲う地震津波も、その頻度のほどには、２０１１年（平成23）３月の大災害まで、〈中央〉では意識されることが少なかった。東北の災害にたいする関心の低さは、関東大震災以来の中央集権的な政策や、大衆感情によるものなのである。

１９３３年（昭和８）３月３日午前２時30分ごろ、岩手県上閉伊郡釜石町（現・釜石市）の東方沖約２００キロメートルで発生した地震により引きおこされた大規模な津波が、岩手県を中心とした三陸沿岸を襲った。気象庁の推定による地震の規模はマグニチュード８・１（地震学者・金森博雄の推測はモーメントマグニチュード８・４）だった。

東北太平洋側では震度５の強い揺れを記録したが、明治三陸地震のときと同じく、地震規模に比べて揺れによる直接の被害は少なかった。しかし、地殻変動によって発生した大津波が襲来し、被害は甚大となった。津波の最大遡上高は、岩手県気仙郡綾里村（現・大船渡市三陸町の一部）で、海抜28・７メートルを記録した。津波第一波は、地震から約30分で到達したと考えられる。人的被害は岩手県を中心に死者・行方不明者３０６４人、負傷者１０９２人。家屋の被害は流失４０３４戸、倒壊１８１７戸、焼失２１６戸に及んだ。岩手県田老村（現・宮古市）では死者・行方不明者１２１１人で、全人口４９８２人の４分の１が犠牲になった。

寺田寅彦は「津浪と人間」（1933年）で、この大津波がもつ社会性を鋭く指摘した。以下、寺田の論稿を要約しながらみていくことにしよう。

1896年（明治29）6月15日に同じ地方で起こったいわゆる「三陸大津波」とほぼ同様の〈自然現象〉が約37年後に繰りかえされた。これほどたびたび繰りかえされる〈自然現象〉なら、その地方の住民は対策を考えて、災害を未然に防ぐことができてもよさそうである。しかし、実際はそのようにならないのが人間界の〈人間的自然現象〉だと寺田は考える。

災害直後から、政府の役人、学者、新聞記者らが駆けつけ、詳細な調査をし、周到な津波災害予防案が考究され、発表され、その実行が奨励されるだろう。ただ、それからさらに37年経ったときには、今回の津波を調べた役人、学者、新聞記者は故人となっているか、世間から隠退している。

寺田は、それでは災害記念碑を立てて永久的な警告を残してはどうか、と考える。しかし、人目に付きやすい場所に立てても、道路の改修や市区改正などがおこなわれるたびに移動し、山かげの竹藪に埋もれないともかぎらない。〈自然〉は過去の習慣に忠実で、地震や津波は「新思想の流行」などにかまわず、頑固に、保守的に執念深くやってくるものなのだ。

科学の方則とは畢竟「自然の記憶の覚え書き」である。自然ほど伝統に忠実なものはないのである。だからこそ、二十世紀の文明という空虚な名をたのんで、安政の昔の経験を馬鹿にした東京は大正十二年の地震で焼払われたのである。（「津浪と人間」）

津波の恐れのあるのは三陸沿岸だけとはかぎらない。寛永・安政の場合のように、太平洋沿岸の各地を襲うような大がかりなものが、いつかまた繰りかえされるだろう。

寺田は今回の三陸の津波は、全日本国民にとって他人事ではないという。災害にかんする日本国民の科学知識の水準を高めることができれば、天災の予防がはじめて可能になるとし、この水準を高めるには、なによりもまず普通教育でもっと立ち入った地震津波の知識を授ける必要があると提言する。

日本のような地震国の小学校では、毎年1時間や2時間くらいは地震津波にかんする特別講演があっても、不思議はないのではないか。地震津波災害を予防するのは、学校で教える愛国の精神の、具体的な発現方法のなかでも最も手近で、最も有効なもののひとつだと思われる――。これが昭和三陸地震津波を踏まえた寺田の提起だ。

寺田の認識や提案は、物理学者らしい冷静さと具体性に満ちている。しかしその科学的な提案を、教育を通じて実現しようと模索したとき、寺田は「愛国の精神」という言葉を使っている。

災害は一般的、普遍的なものではなく、きわめて個別的なものである。〈自然現象〉には全く同じものはなく、それが発生する場所も、地域的特性をもつ。さらに、そこに人びとがどのように住んでいるか、災害が起こったとき、どのような行動をとったかによって〈社会的事件〉が生まれる。国家政策としての防災・減災は不可欠であるにせよ、郷土や地域が主体的に防災・減災に取り組むべきだという視点より、「国防」として防災・減災を考える点が、ある意味で寺田の真骨頂なのかもしれない。

また昭和三陸地震津波は昭和史のみならず、日本の近代史上特筆すべき〈大事件〉のはずだが、〈中央〉で起こった関東大震災と比べたとき、その扱いは小さく、次回の襲来まで多くの人びとに忘れられていたのである。

山口弥一郎の『津浪と村』

民俗学にかかわる学者で、三陸地方をたびたび襲った地震と津波にだれよりもこだわったのは山口弥一郎（1902〜2000）だろう。

山口は福島県大沼郡新鶴村《にいつる》（現・会津美里町）で生まれ、中学卒業後、小学校の教員を経て、磐城《いわき》高等女学校教諭を務めながら東北の村々を調査した。調査の最初のうちは、地理学者で東北大学教授である田中館秀三《たなかだてひでぞう》の津波調査の助手として、集落移動の実態の聞き取りを担当。また柳田国男と出会って指導を受け、1943年（昭和18）に『津浪と村』を刊行する。

山口の調査研究は、宮城県牡鹿半島から青森県下北半島に及び、1896年と1933年の津波による被害だけでなく、その後の集落移動の問題と、集落が再建される過程までを明らかにしている。戦中、戦後も調査を続け、数にすると200以上の集落を調査したのだった。

重茂《おもえ》には戸数は少ないが、明治二十九年、昭和八年と再度全滅した姉吉《あねよし》部落がある。上閉伊郡鵜住居村両石《うのすまいむらりょういし》等も、再度全滅した部落であるが、昭和八年の死者は、両石は二、三名であるのに、姉吉は救われた人が二、三名に過ぎなかった。この生命の災

害の差は何に原因するか（以下略）　（同前）

『津浪と村』は、「第一篇　津浪と村の調査記録」にはじまり、「第二篇　村々の復興」では、集団移動、分散移動、原地復興という3つの移動様式や、生業と移動の関係、村ごとに異なる移動の地域的特性を明らかにする。そしてこの本の特色は、最後に「第三篇　家の再興」がおかれていることにある。両石、重茂、姉吉、さらに船越村で家系の再興がどのようにおこなわれたか、あるいはおこなわれなかったかを分析し、今後の課題として提示しているのだ。

山口はこの地方の「非日常時」の民俗を、明確かつ実証的に検証した。そして集落再建のありかたについて先駆的な仕事を残した。山口の調査研究は、三陸地方にとどまらず、災害後に噴出するさまざまな問題に対処するための貴重な示唆に富むものといえる。

柳田国男の「東北」への旅

山口弥一郎の師でもあった柳田国男は、昭和三陸地震津波が発生する以前、明治三陸地震から二十数年後に東北の三陸沿岸を旅し、『東京朝日新聞』に「豆手帖から」という紀行随筆を連載した（1929年8月～9月）。

そのなかの一篇「二十五箇年後」では、明治三陸地震津波の被災地だった宮城県の唐桑半島を訪ねた印象を綴っている。

唐桑浜の宿という部落では、家の数が四十戸足らずのうち、ただの一戸だけ残って他はことごとくあの海嘯《つなみ》で潰れた。その残ったという家でも床の上に四尺あがり、時の間にさっと引いて、浮くほどの物はすべて持って行ってしまった。（「二十五箇年後」）

柳田が聞いたところによると、大津波の後金持ちほど貧乏になり、生き残った人は「なくした者」を探すと言って毎日沿岸を歩きまわり、自分の物でもないものを拾いあつめて、もとの主の手にかえる場合ははなはだ少なかったという。このような例をみてもわかるように「回復」と名づけられるような事業はおこなわれにくく、「智慧のある人」は臆病になってしまったというのだ。

もとの屋敷を見捨てて高みへ上った者は、それゆえにもうよほど以前から後悔をしている。これに反してつとに経験を忘れ、またはそれよりも食うが大事だと、ずんずん浜辺近く出た者は、漁業にも商売にも大きな便宜を得ている。あるいはまた他処からやってきて、委細構わず勝手な所に住む者もあって、結局村落の形はもとのごとく、人の数も海嘯の前よりはずっと多い。一人一人の不幸を度外におけば、疵はすでにまったく癒えている。　（同前）

明治の大津波の以前に起こったとされる「文明年間の大高潮」は、すでにもう完全な伝説になっている。「峰のばらばら松を指さして、あれが昔の街道跡」だといった類の話ばかりで、金石文（金属や石などに記された文字史料、碑文・銘文等）などの遺物はひとつもない。村ごとに明治の大津波の「記念塔」が立ってはいるものの、「恨み綿々」などといった内容は漢語で記されていて、その前に立つ人はだれもいない……。

柳田の「二十五箇年後」は東日本大震災の後、高台に移転したものと沿岸に踏みとどまったものの対比として頻繁に取りあげられた。しかしじつは、柳田は昭和三陸地震津波については、言及することはそれほどなかったのだ。

東北沿岸をライフワークとした山口弥一郎にたいして、柳田はあくまでも旅行者だったにすぎず、津波防災・減災について具体的な提案を残していない。

柳田の民俗学は〈地方〉にたいする忘却や冷淡を戒め、そこに潜在している文化を掘りおこそうとする営為だったはずだが、災害を〈社会現象〉として捉えることはできなかった。

恐慌の帰結としてのクーデター計画

関東大震災が呼び起こした〈郷土愛〉や〈愛郷心〉といった感情は、新しい風俗、民俗を生みだしつつ、その枠組みから逃れるどころか、国家に収斂されていく性格を秘めていた。つまり、ないがしろにされた〈地方〉が、あくまでも〈中央〉に従属し、さらにはその度合いを強めていくという体制だ。

１９２９年10月24日、ニューヨーク・ウォール街の株式相場が大暴落し、世界恐慌がはじまる。第1次世界大戦後のアメリカの繁栄は吹き飛び、恐慌は世界中に波及していった。30年6月には日本でも株式・綿糸・砂糖などとともに生糸の相場が暴落し、10月には生糸価格が１８９６年（明治29）以来の安値となった。都市では給料不払いが生じ、失業者は66万人を数えた。また米は未曽有の豊作により、米価は大暴落する。

そして翌1931年（昭和6）に満州事変がはじまる。同年9月18日夜、満州鉄道の線路が爆破される。満州に駐留していた日本の派遣軍隊、関東軍の司令官は中国軍の仕業として攻撃に出る。しかしこの線路爆破は、満州占領を企図する関東軍の謀略だった。

1932年5月15日の17時ごろから、海軍士官6人、陸軍士官候補生11人に元士官候補生や血盟団残党を加えた総勢19人が、首相官邸をはじめ内大臣邸、三菱銀行、日本銀行、政友会本部、警視庁などを襲撃し、犬養毅首相や警備巡査を射殺、巡査ら数人に傷を負わせた。「五・一五事件」である。

永井荷風は日記「断腸亭日乗」でその日のことを次のように記している。

> 五月十五日。晴れていよいよ暑くなりぬ。晴下銀座に往きて夕飯を食す。日曜日なれば街上の賑い一層盛なる折から号外売の声にわかに聞こえ出しぬ。（中略）今回のごとく軍人の共謀によりしものは、明治十二年竹橋騒動以後かつて見ざりし珍事なり。ある人曰く今回軍人の兇行は伊太利亜《イタリア》国におこなわるるファシズムの模倣なり。我国現代の社会的事件は大小となく西洋模倣によらざるはなし。伊国ファシズムの真似事のごとき竜も怪しむに足らずと。ある人また曰く。暗殺は我国民古来の特技にして

模倣にあらず。往古日本武尊《やまとたけるのみこと》の女子に扮して敵軍の猛将クマソを刺したることを見れば、暗殺は支那思想侵入に先立ちてすでにおこなわれたるを知るべしと。この説あるいは正しかるべし。

（「断腸亭日乗」）

犯行後、海軍士官や陸軍士官候補生らは東京憲兵隊に自首したが、民間側も11月5日までには全員検挙された。1933年7月24日の海軍側を皮切りに公判がはじまり、控訴、上告した大川周明、本間憲一郎、頭山秀三を除いて、34年2月3日までには刑が確定した。民間側に比べて軍人側、とくに陸軍側の刑が軽かった。またこの間、100万を超える減刑嘆願書が全国から寄せられた。

なぜこのように大衆の共感を呼び、多くの減刑嘆願書が出されたのか。それはのちほど述べるような、経済恐慌から端を発した農業恐慌にたいして不満が渦巻いていたことも、理由のひとつだと考えられる。しかし、クーデターによって自分たちの生活がよくなるどころか、帝国主義の端緒を開くことに手を貸すことになっていったのだ。

農本主義からファシズムへ

昭和の前期から、農業及び農村社会を「国の本《もと》」とする農本主義の思想が成長していった。農本主義自体は近世からみられる思想傾向だが、維新後の近代化が農村部を決して豊かにしなかったこと、その最たる事態としての昭和農業恐慌が、この思想にはずみをつけたのだ。

橘孝三郎（1893〜1974）もこの思想を標榜する農本主義者のひとりで、五・一五事件の際には、主宰する愛郷塾の塾生を中心に別働隊を編成し、東京市内6か所の変電所を襲った。しかし、機械や建物の一部を破壊しただけで終わっている。橘は農本主義の立場から、恐慌下の農村困窮の元凶を資本主義に見いだし、その代表である財閥や政党の打倒をめざす国家改造運動に連なっていた。

1893年（明治26）茨城県東茨城郡常磐村（現・水戸市）に生まれた橘は、水戸中学校卒業後、第一高等学校に進むが、レフ・トルストイやエドワード・カーペンターの著作、ジャン＝フランソワ・ミレーの絵画、木喰の木彫仏などから影響を受け、現代文明社会に疑問を抱くようになる。一高を中退して郷里に帰り、兄弟、友人と「兄弟村農場」で農業経営をはじめる。

橘と、民藝運動の創始者である柳宗悦には交流があった。橘の妹・はやは東京音楽学校（東京藝術大学音楽学部の前身）でピアノと声楽を専攻していたが、同校の先輩に柳の夫人の兼子がいた。はやは兼子を師のように慕い、兼子が柳を連れて水戸の橘家を訪ねるような親しい関係になった。柳は橘より5歳ほど年長だったが、ひとりひとりが徹底して自我をみつめることで、それらが社会に還元されるという柳が属していた白樺派の考えかたに共鳴する部分もあった。

橘が柳との交流で得た収穫は、イギリスの詩人・画家であるウィリアム・ブレイクと木喰上人を知ったことだった。柳は日本全国を行脚し木彫仏をつくった木喰を、幕末最大の芸術家だと褒めたたえていた。橘も柳がまとめた『木喰五行上人略伝』を読み、木喰をミレーとともに心の師とするようになったという。素朴で温かみがあり、庶民の信仰対象としてなつかしさを覚えさせる「木喰仏」を、柳と橘は愛し、かつそれぞれの思想の基盤のひとつにしたのだ。

1929年（昭和4）、林正三らと愛郷会を設立、さらに31年には農村青少年を対象とする勤労学校愛郷塾を創立、塾長となる。昭和農業恐慌により打撃を受けて急進化し国家改造を志向するようになると、青年将校や井上日召《にっしょう》らと結びつき、五・一五事件には塾生を農民決死隊として組織。無期懲役の判決を受ける。しかし40年、恩赦により出獄し、第2次世界大戦後は著述に専念した。

橘の経歴からみてとれるように、橘らの農本主義には、日本近代の生活者が農民や農村にたいして抱いたナイーブな共感や、そこに依拠する行動力をみることができる。農本主義者たちも〈格差〉の克服を志向し、イデオロギーを形成していったのだ。つまりある一面では、農本主義者・橘孝三郎は民俗学者・柳田国男、民藝運動の指導者・柳宗悦ときわめて近い歴史の上にいるのだ。

1934年秋、昭和農業恐慌が起こる——同情の目で見られた「東北」

豊作が招いた人為的飢饉

東北の1930年代は大災害の連続だった。1931年（昭和6）と34年は凶作・飢饉に襲われ、その間の33年には昭和三陸地震津波にみまわれる。

1934年は7月から低温が続き、冷夏となった。恐慌に加え大冷害・凶作が東北地方を襲ったのである。この凶作と飢饉では稗飯を貪る児童や、生の大根をかじる子どもたちの写真が東北飢饉のイメージとして流布した。

農村の窮乏は「出稼ぎ」や「娘の身売り」「欠食児童」を続出させ、さまざまな農村問題を引きおこした。小作争議件数は1930年に2478件だったのが35年には戦前最高の6824件に達した。

歴史学者・河西英通の『東北飢饉』「昭和初期の『東北飢饉』をどうとらえるか」によると、前年の1933年、米は大豊作だったという。しかし、同年成立の米穀統制法のために、公定価格による政府買い上げ、飯米の売り払いとなり、34年5月ごろには飯米不足が予想された。さらに朝鮮や台湾などの植民地米の大量移入も問題化する。こうして長期的な米をめぐる供給と需要の矛盾が噴出。「東北飢饉」は凶作の結果ではなく、市場に出回る米の激減と米価の高値基調によって、農民は飢饉に追いこまれたのである。

飢饉は凶作の直接的結果ではなく、農政の結果として生まれた。しかし、岡田啓介内閣（民政党系）と政友会の対立の下、1934年11月の第66回臨時議会や政友会・民政党の東北北海道大会で、東北振興は軍事振興の方向に歪められていく。そうした歪曲は、国民の意識においても「同情」という形をとった。

歴史学者の大門正克《おおかどまさかつ》は「東北地方の凶作」という作文（東京・中野町立桃園第二尋常小学校の後援会誌『ももぞの――学校と家庭』）をもとに、子どもたちの帝国意識が東北にたいする優越意識になぞらえられていった事態を指摘する。

東北地方の困っていらっしゃる人々〔と〕（中略）毎日々々こまる事もなく仕合せにくらしている私達とくらべると、あまりにおかわいそうでなりません。年々の凶作のために御飯もたべられないで、木の実などをたべながら、さびしく暮していて、仕事もできない東北の人達のことを考えると、仕合せに勉強ができる私たちは、感謝の気持ちで一ぱいになります。（中略）早く私達のお上げする真心のこもったお金がとどいて、東北の人達の助けになるようにしたいと思います。

（『ももぞの』27号）

東京の子どもたちは、東北の凶作を災害としてではなく、都市に暮らす自分たちには無縁な、東北特有の〈自然現象〉として受けとめているのだ。しかし、こうした同情や認識は子どもだけにとどまるものではなかったのではないか。

哲学者の戸坂潤（１９００～１９４５）は「高等警察と冷害対策」と題する論考で、東北の飢饉を〈自然現象〉ではなく〈社会現象〉として見る視点を提示している。「同情というのは、社会現象ならばお説教すべき処を、自然現象として見るのでお説教の代りに持ち出されるもの」であって、世間は「東北地方問題を専ら一つの自然現象として見ようと努力している」と同情論を批判する。そして〈自然現象〉が気象的地質的現象に矮小化されていることにたいしては、「まさか火山の爆発を鎮圧したり、日本の水温を温めたりして、今後続くであろう東北農民の貧困を防止しようとは思っていないだろう」と述べる。さらに、小作争議の深刻化は、東北凶作が「一個の社会現象」であることの証左ではないかといい、次のように結論づける。

社会現象とあれば、東北の冷害は、独り米穀問題ばかりでなく、偉大な軍事予算の問題や、対軍縮会議兵力量の問題などと切り離しては意味がない筈で、そこまで行くと、問題は愈々「同情」や何かでは＊＊＊（原文ママ）せなくなるのである。東北地方の救済と、軍事予算との、数量上の連関を、ハッキリと私に教えてくれる人はいないか。

（「高等警察と冷害対策」）

戸坂は、戦前日本の国策のなかで発生した〈社会現象〉としての東北凶作・東北飢饉が〈自然現象〉に歪められ、東北の社会の必然であるとか、宿命であるといった見解を批判する目をもっていた。

戸坂のような本質的な議論もあったが、凶作・飢饉にたいして、東北の後進性をいかに食い止めるかという方向に議論が進んだ。東北以外の人びとにとって、1934年の凶作と飢饉は、後進東北に特有の不幸な現象だと認識されていくことになる。関東大震災ですら〈自然現象〉だと捉えた人びとにたいし、本質的議論や解決策を期待するのは無理なことだったかもしれない。

世界恐慌に端を発する農村部の窮乏は、海外への植民へと進み、日中戦争の開始とともに、多くの農村出身兵士が戦地へ送りこまれていくことになる。

「民藝」と東北

関東大震災後に「民藝」を打ちだした柳宗悦らの活動は、当初は植民地だった朝鮮や、日本国の周縁部だった琉球（沖縄）にも及ぶものだった。

柳は当時の知識人としては例外的に、朝鮮・沖縄の独自の文化の保護・支援を力説し、政府の方針と対立した。朝鮮・沖縄の民藝を賛美し、日本政府の朝鮮・沖縄への文化政策を痛烈に批判していたのだ。

柳らの運動はオリエンタリズムの視点から、その政治性の自覚の欠如について批判されてきた。たとえば文芸批評家・思想家の柄谷行人は柳が朝鮮民族を賛美したのは、朝鮮に美があったからであり、「偉大な美を生み出す民族は独立に値する」という基準に陥っている、柳は「たんに異なる他者として認め」てはいないという。

そうした「民藝」の対象は、関東大震災以降、日本の「本土」に収斂されていくことになる。戦争へと突き進んでいく時代情勢のなか、民藝がめざす周縁は朝鮮半島ではなく日本の東北地方に向かっていく。そのときに民藝が理想化したのは、東北は日本文化の原型であり、にもかかわらずこれまで見過ごされてきたというような、都市知識人のバイアスがかかったまなざしだった。

〈中央集権〉〈東京中心主義〉に抗して遅れた「東北」にアイデンティティをもたせるという理想は、〈郷土〉から〈国土〉に広げられることで、〈ナショナリズム〉を補完するものになっていった。関東大震災を契機とする運動は、その呪縛から離れようとして、結果的に呪縛のなかで運動を展開することになってしまったのである。

隣組と国民婦人会

戦時下においては、ある種の〈社会貢献〉が尊ばれ、自発的なボランタリー精神が評価されることになる。太平洋戦争下では、国民統制のために「隣組」が組織され、地域に根差した社会貢献が強制された。この組織は、町内会・部落会の下に属し、近隣数軒が一単位となって、互助・自警・配給などにあたった。

1932年（昭和7）大阪で結成された婦人団体「国防婦人会」は、出征兵士の送迎など、戦争協力団体として自発的に活動を開始した。42年に「愛国婦人会」と合併して「大日本婦人会」となったが、銃後の社会貢献は同調圧力を発動し、同調しないものを差別した。こうした社会貢献の淵源にあるのは、じつは関東大震災における学生による自発的なボランティアであり、その後の災害時においても、このような取り組みが無言の圧力となって社会を覆い続けていく。

1938年1月29日、東京帝国大学セツルメントは「声明書」を発表して、セツルメントの名称を廃し「大学隣保館」と改称することを公表した。

現下の非常時局に際して我々社会事業の衝に当る者の任務を思うに、銃後の守りを固《かと》うし国民生活の安定を図る社会的責務は極めて重大であって一層の努力を期すべきことを痛感する。

この声明文からも東京帝国大学セツルメントが、開設当時に彼らが立ち向かおうとしていた課題や抱負とかけ離れてしまったことがわかる。この事態を報じた『帝国大学新聞』1月31日号は、

「大学隣保館」として銃後の社会事業研究に乗りだすこととなった旧セツルは、目下改革要綱に則り各般の内部組織を更改、新生の第一歩を踏みださんとしつつあるが、文部省思想局方面では従来のセツルが左翼的思想運動の温床であるという見地を保持しており隣保館の改革内容如何に拘らず解散を要望しつつある模様で（後略）

と記す。つまりセツルメントは当局から危険思想を抱く団体組織だとみなされたことから、自主的解散の道を選んだようなのである。

こうして、東京帝大セツルメントは、施設移譲などの処理方法を東京市社会局に一任し、

38年2月3日、14年にわたる事業を閉鎖。多数の移譲申しこみのなかから、皇太子明仁（のちの平成天皇）の誕生を機に天皇裕仁の意向で設立された「恩賜財団愛育会」（現・恩賜財団母子愛育会）への施設譲渡が決まる。東京帝大セツルメントの解散は、ボランティアの歴史が、これまでとは異質な段階に入ったことを告げるものだった。

1938年6月9日、文部省は「集団的勤労作業運動実施ニ関スル件」という通達を全国の所轄学校（国立の高等学校、高等師範学校、実業専門学校）に送り、学生生徒の勤労奉仕の実施を指示する。こうした動きによって、学生生徒の奉仕活動が国の方針に即して制度化され、ほかの領域での勤労奉仕運動と連動しながら、全国民規模の制度にまでいきつくことになる。

1945年3月、東京が大空襲を受ける——なぜ下町が狙われたのか

軍需工業を支える地域

非常時においては末端以上に周縁部のほうが、〈中央〉に隣接することから大きな被害

を受け、しかもその惨禍が明らかにされない。

1945年（昭和20）3月10日未明、東京下町にたいし爆撃を中心とする、アメリカ軍の大量無差別の航空爆撃作戦が展開された。沖縄戦や広島・長崎への原爆投下と並ぶ太平洋戦争中の日本における大規模な戦災となった。

東京大空襲・戦災資料センター（ホームページ内の「東京大空襲とは」）によると、アメリカ軍による日本本土への初空襲は1942年4月18日におこなわれたB25による奇襲攻撃で、東京には13機が来襲。品川区の工場、荒川区尾久の住宅などが爆撃された。

3月10日より以前の空襲は、飛行機工場と産業都市を重点とする戦略爆撃で、高高度から、多くは昼間に爆撃している。東京の場合、中島飛行機武蔵製作所（現・東京都武蔵野市）を第1目標とする精密爆撃がおこなわれたが、爆撃ができないときには、第2目標とした東京の市街地を無差別に爆撃したのだ。

B29爆撃機による東京への本格的な空襲は、1944年11月24日にはじまった。同月29日には最初の夜間焼夷弾攻撃がおこなわれ、以後、翌年にかけて敗戦の日まで連日のように空襲が続いた。9か月に及ぶ空襲は、延べ4900機により130回を数え、38万9000余発の焼夷弾と1万1000余発の爆弾が投下された。

アメリカ軍が下町を狙ったのは、家内工業の中心であり、日本の軍需工業を支えていると認識していたからだという。また下町への空襲の特徴は、夜間の超低空からの絨毯《じゅうたん》爆撃で、これは火災に弱い日本の都市構造や防空体制の弱点などをついたものだとされる。

１９４５年２月25日は、マリアナの基地を飛び立つ前に中島飛行機武蔵製作所を爆撃できないことがわかり、第1目標を東京下町の市街地に切り替え、爆弾を焼夷弾に積み替えて１７２機のB29が空襲した。この日は、目標地域が３月10日の下町大空襲と同じ最も燃えやすい住宅密集地で、区部の市街地にたいする焼夷弾爆撃の実験的な空襲となり、１９５人が亡くなっている。３月４日も１５９機のB29が市街地を広範囲に爆撃し、６５０人あまりが死亡。44年11月から45年３月４日までの空襲により、区部で２０００人以上が亡くなった。

関東大震災と同様に、下町は東京の〈中央〉を支える、東京のなかの〈地方〉として、またしても犠牲にさらされたのだ。

火災による甚大な被害

アメリカ軍は、都市のなかで住宅が密集し、人口密度が高い市街地を焼夷地区1号に指定していた。東京では、当時の深川区の北部と本所区、浅草区、日本橋区の大部分などが焼夷地区1号とされたが、これらの地域は関東大震災の過酷な被災地と重なる。3月10日から、これらの地域を焼夷弾で焼きはらう絨毯爆撃がはじまった。

築地、神田、江東の市場、東京、上野、両国の駅、総武線隅田川鉄橋などが実際の目標だった。住民を大量に殺戮することで、戦争の継続意欲をそぐことが主な目的であり、また市街地を焼きはらうことで、小さな軍需工場を焼くことも、併せて狙っていたのである。

3月10日の大空襲は夜間、木造家屋の密集地に大量の焼夷弾が投下され、2時間半の爆撃によって下町一帯は廃墟と化した。約300機のB29の攻撃による出火は強風にあおられて大火災となり、40平方キロメートルが焼失、鎮火は8時過ぎだった。

この爆撃で、本所区、深川区、城東区の全域、浅草区、神田区、日本橋区の大部分、下谷区東部、荒川区南部、向島区南部、江戸川区の荒川放水路より西の部分など、下町の大部分が焼きつくされた。焼失家屋は約27万戸、罹災者数は100万あまりに達した。死者は警視庁調査では8万3793人、負傷者は同じく4万918人となっている（資料によって差異が大きく「東京空襲を記録する会」は死者数を10万人としている）。

アメリカ軍はこの後、3月12日名古屋、14日大阪、17日神戸、19日と20日に名古屋、29

日北九州、4月13日東京山の手地区、15日東京・横浜・川崎と大都市への夜間空襲を続け、5月末の空襲ともあわせ、東京の市街地の50・8パーセントが焼失した。

4月と5月の山の手大空襲は、爆撃の規模や焼失面積が3月10日の大空襲を上回るものであり、その他の空襲を含めた後期の東京空襲では約8000人が亡くなった。規模の割に死者の数が少ないのは、3月10日の惨状を見て人員疎開が進んだこと、消火をしないですぐ逃げるようになったことも影響しているとみられる。

東京の区部が被害を受けた空襲は60回を超える。確認された死者の遺体数は約10万5400人になる。負傷者は約15万人で、罹災者は約300万人、罹災住宅戸数は約70万戸。焼失面積は約140平方キロメートルで、区部の市街地の約50パーセント、区部面積の約25パーセントにあたる。三多摩や伊豆諸島・小笠原を含む東京都全体では、空襲は100回を超えた。

大空襲の慰霊

3月10日以降の空襲では、膨大な数の死者が出て、無数の死体の山ができた。「戦場掃除」と呼ばれる前線での死体処理と同じような乱暴な扱いで、遺体が片づけられた。通常の埋葬ができないので、公園や寺院の境内などに穴を掘って遺体を埋める仮埋葬がおこなわれた。その数は3月から5月にかけての大空襲による約9万4800人で、そのうち約8000人のみは名前がわかり個別に埋葬されたが、それ以外は合葬された。

仮埋葬された遺体は3年後から5年後に掘り返されて、火葬された。遺骨は東京都慰霊堂に安置された。その後も、遺族などに引き取られる遺骨は少なく、現在も約8万人の遺骨が残されている。これらとは別に、焼け跡で現場火葬がおこなわれたという。

軍や政府にとって、下町が空襲の標的になっていることは自明のことだった。しかし、消耗戦における軍備増産を現場で支えた人びとは、相手国の矢面に立つことになり、結果的に戦争の最前線に身をおいていたといってもよい。

戦時下の流言蜚語

佐藤健二の『流言蜚語――うわさ話を読みとく作法』によると、太平洋戦争の末期、1945年（昭和20）の3月から4月にかけて、ある荒唐無稽な流言が広がり、新聞などで取りあげられたという。

敵弾はいつでもどこに落ちるかわからない。こういう事態になると、いわゆる御幣かつぎや迷信がよく出てくるものだが、今巷《ちまた》におかしな迷信が広まっている。それは、赤飯にラッキョウを入れたおにぎりを作ってたべると、絶対に爆弾をうけないというのだ。……

（『朝日新聞』1945年3月6日）

あまりにも荒唐無稽な話だが、ラジオから聞こえてきた「敵機が脱去《だつきょ》した」というニュースを、「ラッキョウ」と聞き間違えたのではないかと現在では推測されている。佐藤の『流言蜚語』には、1980年（昭和55）に民俗学者・赤松啓介が著したこんな文章が引用されている。

いま戦時記録として空襲被害の記録化が盛んであるけれども、それは表面的な形式記事になり勝ちである。むしろ空襲に遭わぬようなマジナイ、弾丸の当らないマジナイ、あるいはヤミ経済、ヤミ物資の買い出し、運び屋の形態、戦時食の調理方法、ヤミ価格の変動、村落共同体と疎開者たちの対抗、そうした日常の生活、その体験を記録することの方が、もっと重要であると思う。

（「村落共同体と性的規範」）

戦時下においてもこうした、デマにも満たないうわさが流布した。しかし、荒唐無稽で小さな、取るに足らないようなデマには、戦争に引きこまれてしまった庶民のささやかな抵抗が表われているのではないか。

隠蔽された大地震

第2次世界大戦の敗北濃厚となった1944年（昭和19）12月7日に昭和東南海地震、45年1月13日に三河地震が発生している。ふたつの地震とも多くの被害者を出したにもかかわらず、戦局を優先した為政者によって、一般国民には長きにわたって隠蔽されてきた。

昭和東南海地震と三河地震をあわせた被害規模は、死者・行方不明者が約3500人、建物の全壊が約5万戸にのぼった。名古屋重工業地帯の被害はとくに甚大で、軍需生産力に大きく影響したという。軍部は軍需工場の被害状況などの情報が連合国に漏れることを恐れ、情報統制をおこなったのである。

昭和東南海地震での家屋の倒壊、地震直後に発生した津波により、三重県、愛知県、静岡県を中心に、推定1223人の死者・行方不明者を出したとされる（死者数は重複があり、916人とする説もある。太平洋戦争中でもあり、戸籍などの謄本が津波により消失しているため、現在でも正確な実数は把握できないという)。

被害を受けた中部地方の住民や、学徒動員され愛知県半田市の中島飛行機の工場で働いていた学生らには、被害について絶対に口外しないようにという戦時統制にもとづく箝口令が行政側から敷かれた。そのため、周辺やほかの地域からの救援活動もなく、被災地は孤立状態に陥る。

中島飛行機・山方工場、三菱重工業名古屋航空機製作所・道徳工場(現・愛知県名古屋市南区)は倒壊し、それぞれ死者1301人、60人の被害を出した。このふたつの工場は紡績工場を買収して軍需に転用したもので、飛行機工場としては狭く、また耐震性を無視した改装工事が倒壊の原因になったといわれる。

昭和東南海地震にかんする情報は新聞3面の最下部のほうに数行ふれただけで、具体的な被害状況は国民には伝えられなかった。しかし、世界各国の震度計により観測・記録されたため、日本列島中央部に地震が発生したことは、連合国側に把握されていた。軍需工場などの被害状況を注視し、地震から6日後の12月13日夜に、津波被害にさらされた名古屋地域の航空機工場を中心とする一帯にアメリカ軍が大規模な空襲をおこなっている。

軍需工業を支える大都市の周縁部で、多くの庶民が国家から見捨てられて犠牲になった。この構図は関東大震災と変わらず、戦時下においては復興どころか、被害そのものが隠蔽されてしまったのである。

堤防と「教育」

1944年（昭和19）の昭和東南海地震とそれから2年後、46年に起こった昭和南海地震をめぐっては、防災教材「稲むらの火」で知られる和歌山県の広村（現・有田郡広川町）である悲劇が起こった。

「稲むらの火」は、1854年（安政元）の安政南海地震にともなう広村での津波に際しての出来事をもとにした小泉八雲（ラフカディオ・ハーン）の英語による作品「A Living God（生ける神）」を、小学校教員の中井常蔵が翻訳・再話したもので、1937年（昭和12）から10年間、国定国語教科書（国語読本）に掲載された。主人公・五兵衛のモデルは濱口家（現・ヤマサ醤油）の当主だった濱口儀兵衛（梧陵）である。この物語は、地震後の津波への警戒と早期避難の重要性、人命救助のための犠牲的精神の発揮を説くものだとされる。広村には室町時代から堤防が存在したが、現在「広村堤防」と呼ばれているのは、安政南海地震の後に、濱口梧陵の指揮のもと築造されたものである。

昭和東南海地震で広村を津波が襲ったとき、広村堤防は防災の役割を果たした。昭和南海地震が起こったときも、現在の広川町に押し寄せた津波は4メートルから5メートルに達した。ただこのとき、堤防の効力が及ばない耐久中学校、日東紡績工場とその社宅の周辺は被害が大きく、22人の死者が出てしまう。原因は、津波で死亡した人の多くが、地方から来た紡績工だったことから、津波にたいする知識が乏しかったことが関係しているのではないかといわれている。

こうした立地条件による津波の危険性は、南海地震の再来の可能性を指摘し、地震の予測や啓蒙活動を続けていた地震学者・今村明恒《あきつね》（1870〜1948）が、この地域に伝えてきたことだった。

今村は、地形的条件による津波のふるまいについて、じゅうぶんに考慮して対策を立てることの重要性を訴え続けた。しかし、東日本大震災で再評価がなされるまで、寺田寅彦と比べても、社会性をともなう今村の問題意識は、光があたってこなかったと言わざるをえない。

日本には古来、神の威力で吹くという「神風」があるとされる。暴風雨の多い日本では風にたいする恐れから、神の威徳に従わないと神風で罰せられるという信仰があった。歴史の上では、文永・弘安の役（1274年、81年）の二度にわたる蒙古の襲来が、博多湾で壊滅させられたのが代表例である。

第2次世界大戦末期にはこの史実にあやかり、日本海軍航空隊が神風特別攻撃隊を編成し、敵艦隊に体当たり攻撃を加えて、戦局を打開しようとし失敗に終わっている。日本人は戦争に際しても、敵機の爆撃や自軍の奇襲攻撃も災害と同様に、あたかも〈自然現象〉のように捉えていたのではないのだろうか。

3　〈郷土〉を滅ぼす開発

1964年10月、東京五輪が開催される――高度経済成長と巨大イベント

東京の戦災復興

敗戦後の日本社会でも、関東大震災が生みだした〈国土〉の中心は東京の中央部にある

ことを前提とした政策や思考法、〈周縁〉は〈中央〉に従属するものだという考えかたは引きつがれていった。

太平洋戦争中の1943年（昭和18）7月1日に東京市と東京府は廃止され、東京都が設置される。東京は戦争末期の大空襲で、下町を中心に市街地は焦土と化すが、戦後の日本政府は首都東京の復興を優先させていった。

東京の復興計画は、近代都市計画の黎明期に技師として都市づくりに取り組んだ石川栄《ひで》耀《あき》（1893〜1955）が策定した。石川は焼失区域を上回る2万ヘクタール規模で、市街地整備の土地区画整理事業を実施し、さらに区部面積の34パーセントをグリーンベルトにしようとしたが、このプランは目標人口と現実との乖離などから、大幅に縮小せざるをえなくなる。

1947年4月に公選による東京都長官（同年5月3日の地方自治法の施行により東京都長官は東京都知事に移行）輩出選挙で安井誠一郎が当選したが、安井は復興計画の具体化にあまり積極的ではなかった。

空襲によって被災した都市の復興事業を目的に設立された戦災復興院は、国と都の共同体制で復興を推進することを計画する。しかし安井は、都民の住宅確保が最優先だとし、都独自の執行にこだわった。東京都の復興事業への財政支出は不十分で、1949年の「ドッジ・ライン」(日本経済の自立と安定のために実施された財政金融引き締め政策)による政府の緊縮財政の方針がさらに追い討ちをかけることになる。その結果、東京では戦災復興事業の着手がほかの都市に比べて遅れ、一部の駅前周辺を除いて区画整理は中止。広幅員街路や公園緑地化の計画もほとんどが廃止になった。また放射状に延びる幹線道路34路線や環状線8路線、都内の道路の整備が計画されたがこの計画も実現に至らなかった。

このため東京の周縁部の復興は中央部以上に遅れたものになる。しかし、経済の高度経済成長をみて、場当たり的な都市整備をおこないながら、首都の威厳の挽回をめざしていった。その最たるものが1964年(昭和39)に開催された東京オリンピックにほかならない。

満を持した首都東京の挽回策として計画されたオリンピック東京大会では、東京中心部の整備に注力された。つまり、東京の中心が発達することにより、遅れた地方をけん引しようという考えかたにもとづくものだった。こうした構図は、関東大震災からの復興にならったものであり、そしてこの時代にも、大衆が国家や国土に愛着をもつような気分が醸成されることになる。

東京が抱えた問題

1964年のオリンピック開催を控えた東京都は、人口と産業の過度な集中による都市機能の低下という大きな問題を抱えていた。その対策を講じてきた都にとって、オリンピックは都市を改造する絶好の機会だった。そこで都はオリンピックと都市機能に関連が強い、道路、交通、港湾、上下水道の建設整備、環境衛生といった事業を優先させる。

オリンピックに向けて、メインスタジアムである国立競技場の拡張をはじめ、国立屋内総合競技場や日本武道館の建造、道路や上下水道の整備、新幹線や地下鉄の建設など多岐にわたり、事業費総額は国家予算が年間3兆円前後だった時代に9600億円を超えるものだった。

国立競技場は1962年（昭和37）5万8000人の収容人数を7万5000人収容の規模にする増改築工事が3月27日に着工され、63年8月に完了した。当初は、10万人収容を目標にスタンドの拡張をめざしたが、敷地面積と既存のスタンドとの関連上、最大限で約7万5000人にとどまらざるをえず、美観の点からバックスタンドは三日月形に増築された。

水泳競技場は、4万人収容のものを新設する計画だったが、それでは大きすぎて運営上適当ではないと施設特別委員会から答申があった。そこで1960年6月10日の組織委員会会議で、代々木のワシントンハイツに国立屋内総合競技場本館及び別館を新設することになった。この用地は隣接する選手村用地に先立ち、62年11月30日にアメリカ軍から日本政府に返還されたもので、63年2月1日に建設工事が着工され、64年8月31日に完成した。各施設を結ぶ首都高速道路や幹線道路、橋梁、地下鉄などの交通機関も整備された。

現在、私たちが見る東京の代々木、青山、表参道、渋谷といったエリアは、東京オリンピックを契機に開発・整備され、あたかも東京の、日本の中心であるかのように仕組まれたものなのである。この計画は成功し、敗戦以来、保つためのよりどころがなかった国家にたいする一体感を取りもどすとともに、渋谷を中心とする流行の発信源をつくりだしたのである。

そして、オリンピック開催間近の1964年10月に、東京・新大阪間を結ぶ東海道新幹線は開業する。

新幹線、東西を結ぶ

オリンピック開催の9日前の10月1日に、東海道新幹線が開業し、営業運転を開始した。

この新幹線は、当時飽和状態に達していた日本国有鉄道（通称・国鉄、現・JR）東海道本線の鉄道輸送を打開するため建設された高速新線で、1959年（昭和34）に着工された。

東海道新幹線が日本人にもたらしたものは、とてつもなく大きい。東京・新大阪間の開通により、東京が日本の中心であることを、全国に知らしめる効果があった。そしてオリンピックと併せて、日本の敗戦からの復興を、日本人のみならず、世界に印象づけることに成功し、地方の人びとは羨望のまなざしをもって眺めることとなった。新幹線が通ること、新幹線の駅が新設されることは、21世紀の現在でも、地方自治体にとってステイタスになりうる事態なのである。

日本における新幹線の歴史を考えていくうえで最も重要な人物は、国鉄総裁となり、東海道新幹線の建設実現に尽力し「新幹線の父」と呼ばれた十河信二《そごうしんじ》（1884〜1981）をおいてほかにない。十河は、のちほど紹介する田中角栄や鈴木俊一らとともに、日本における「国土」の開発に大きな影響力を及ぼし、列島の風景を変貌させた人物だからである。

1884年（明治17）愛媛県に生まれた十河は、東京帝国大学法科大学卒業後、鉄道院に入庁。鉄道院総裁であった後藤新平が標準軌への改軌を唱えており、その実現構想を島安次郎らとともに立案したことが後の新幹線構想に影響を与えたといわれる。鉄道院では36

歳の若さで経理局会計課長に就任し、その後、帝都復興院に出向して、後藤新平とともに関東大震災からの復興事業に携わっているのだ。しかし、復興局疑獄事件で逮捕され、有罪判決の後控訴して無罪になるが、官からは追われることになる。

１９３０年7月に満鉄の理事（商事部担当）、32年1月に満鉄経済調査会の初代委員長、35年12月には国策会社・興中公司社長に就任。終戦直前の45年7月には第2代西条市長になり、翌年4月に市長を辞任した後は、日本経済復興協会会長や鉄道弘済会会長を務めた。いっぽう国鉄では、54年9月に青函連絡船洞爺丸が台風により転覆して１０００人以上の死者を出し、翌55年5月には宇高連絡船紫雲丸が沈没して１６８人が死亡するという事故が相次ぐ。3代目国鉄総裁長崎惣之助が引責辞任すると、十河は同年5月20日に、71歳という高齢で第4代国鉄総裁に就任。副総裁格の技師長として任命した島秀雄とともに新幹線建設計画を主導・推進するなど、高度経済成長による輸送需要への対応に尽力した。

東海道新幹線開通の前年、１９６３年5月20日に任期満了の形で国鉄総裁を退任。在任8年は歴代の総裁のなかで最長だった。十河の退任後に大蔵大臣に就いた田中角栄が日本鉄道建設公団を設立し、東海道新幹線の予算増加を認めるよう働きかけたことで予算増額が承認された。64年10月1日、東京駅の東海道新幹線ホームで挙行された出発式に、十河は国鉄から招待されず、そのようすを自宅のテレビで見ていたという。しかしその後、国鉄本社での開業記念式典には招かれ、昭和天皇から銀杯を賜った。

このように十河の経歴の発端に関東大震災からの復興があったことは、偶然ではないだろう。〈国土〉を優先し、〈郷土〉はそこに従属していくこと――。十河は関東大震災以降、結果的に仕組まれていった〈ナショナリズム〉醸成のありようを、大規模な開発と高度な技術をともなう新幹線というシステムによって成しとげたのである。

東海道新幹線開通の影響

世界初の高速鉄道である東海道新幹線は、東京と大阪の時間距離を半分に短縮し、旅客流動を飛躍的に拡大する。工学者の藤井聡は『新幹線とナショナリズム』で、時間距離短縮の影響は経済的効果にとどまらず、日本という国をひとつの有機体とみなしたとき、その有機体のありかたそれ自体を根源的に変えてしまうほどの強力な影響を及ぼしたという。

藤井によると、東海道新幹線の開通という事態について、のちに国立民族学博物館の館長を務めることになる梅棹忠夫（1920〜2010）は以下のように述べている。

日本文明史における新幹線の意味については、日本の経済的発展の象徴とみる見方が強いが、わたしは、かならずしも同意しない。経済の問題なら、まず物量の流通が中心になろうが、新幹線には貨車がないことにあらわされているように、これは通常の意味での輸送機関ではないのである。しいていうならば、移動機関であり、もっと端的にいうならば、情報伝達機関の一種である。生物体にたとえるならば、全身に栄養を搬送する血管系ではなくて、むしろ、全身の機能を統御し、調整する中枢神経系に相当する。その意味で、新幹線は日本文明の経済的肥大の象徴というよりは、国土全体の機能的統合の、高度化と精密化の象徴というほうがあたっているのである。

（「文明変える中枢神経」『朝日新聞』1974年9月20日）

また十河自身も、開通前の講演会で次のように発言している。

交通機関の使命はいうまでもなく旅客、貨物を甲地から乙地へ輸送するということになっておりますが、真の使命は単にそういうことだけではなく、むしろ甲地の思想を乙地に移し植え、丙国の文明と丁国の文明とを、互に交流せしめるということでなければならぬと信じております。

（『有法子』）

著名な民族学者も、新幹線を開通させた張本人も、東海道新幹線開通を文明史的な偉業として捉えていたことがわかる。そして事実として新幹線は日本の高度経済成長を推進したが、あくまでも〈線〉的な発展であり、〈地方〉の〈中央〉化に寄与するものだった。それは個別的な〈郷土〉を飛び越して〈国土〉につながろうとする願望を、多くの国民に抱かせることになったと言いかえてもよい。

白洲正子の抵抗

多くの日本人が東京に向かい、視線を送るいっぽう、そうした進歩や発展、成長に懐疑の目を向け、批判的にふるまった人びともいた。そのひとりが随筆家の白洲正子（1910〜1998）である。

一九六四年、東京オリンピックが開催された秋、ある出版社の依頼で、西国三十三ヶ所の観音巡礼を取材した。日本中がオリンピックで沸きに沸いているのを尻目に、旅に出るのがいい気持ちだったからで、まだその頃は私にも多分に客気が残っていたのである。今から思うと気羞しいが、近江の山の上から、こがね色の稲田の中を、新幹線が颯爽と走りすぎるのを見て、優越感にひたったものだ。お前さんはすぐ古くなるだろうが、こっちは千数百年を生きた巡礼をしてるんだ、ざまぁ見ろ、といいたい気分であった。

（『白洲正子自伝』）

東海道新幹線の開通は日本を便利にし、経済成長に拍車をかけたことは疑えない。それにたいし、伝統的な景観や時間意識をないがしろにした〈国土〉の開発、利便性の追求を批判する白洲の目は鋭い。しかし、東海道新幹線は〈国土〉の開発について、多くの国民に〈当事者意識〉をもたせることに成功した。新幹線にかんしては、反対運動や騒音公害訴訟は思いのほか少ない。開通・開業へのあこがれのみならず、いまでは新幹線が走る風景は、日本を代表する〈自然景観〉になっているのである。

新潟地震の衝撃

1964年（昭和39）の10月は、東海道新幹線の開通（10月1日）、東京オリンピックの開幕

（同月10日）と、日本の戦後経済の発展を象徴するイベントがあった。しかしその4か月前、6月16日に発生した新潟地震は、県営アパートが倒壊し、コンビナート火災が起こるなど、戦後日本の都市の成長や発展にたいし、大きな衝撃を与えるものだった。

新潟地震の震源は日本海上粟島の南10キロメートル、マグニチュードは7・5、最大の津波は6メートル、死者26人、全壊家屋1960戸。新潟・秋田・山形の3県を中心に被害が及び、新潟市内では地盤の液状化現象による被害が目立った。新潟市川岸町の県営アパートのように液状化で基礎ごと地面から浮き上がって横転した。ただし、建物の倒壊速度が比較的ゆっくりだったため、建物から脱出できた場合が多く、地震の規模からすると少ない被害で済んだ。

昭和石油新潟製油所（現・昭和シェル石油新潟石油製品輸入基地）の3万リットルの原油タンクが地震による揺れなどで損傷したために火災が発生し、周辺のタンクを誘爆炎上させながら約12日間にわたって燃え続けた。

新潟地震は建物倒壊、津波、火災などの直接被害だけでなく、交通やライフラインが麻痺し、都市機能に甚大な影響をもたらした。また災害にたいして近代都市が脆弱であることを鮮明にした。先端技術を駆使した構造物であっても、強大な自然現象にはひとたまりもなかったのである。政府は新潟地震の被害にたいして、激甚災害に対処するための特別の財政援助等に関する法律（通称・激甚災害法）を適用することを決定した。1962年に制定されたこの法律は、公共土木施設災害復旧事業について財政援助を受ける場合の規定を設けたもので、新潟地震への適用は軟弱地盤における液状化対策など復旧には多額の土木費が必要と見込まれたためである。

この地震を契機に、大蔵大臣・田中角栄が地震保険の創設を打ちだし、1966年5月18日に地震保険に関する法律が公布されている。地震保険制度は空間的・時間的なリスク分散をはかる仕組みで、新潟地震以前にも必要性が議論されていた。ただ、加入世帯が自助努力をおこないにくい、災害リスクの高い世帯ばかりが加入することなどが懸念され、新潟地震が起こるまで制度として成立していなかったのだ。

またこの地震では、国土地理院による水準測量データの解析や、井戸の水位、潮位などのデータをもとに地震の前兆とみられる変動が観測されたことから、地震予知研究推進を後押しすることとなり、1965年度から「地震予知研究計画」が開始されることになった。しかし、衝撃を与え創設を導いたにもかかわらず新潟地震が、東京オリンピックとともに顧みられることはほとんどない。

1970年3月、大阪万博がはじまる――「観光立国への道」

千里丘陵の〈開発〉

国土開発と東西を結ぶ新幹線の意味合い、そして「観光」という新しい産業への道筋をつけたのは1970年(昭和45)に大阪で開催された日本万国博覧会である。

この万国博覧会には、じつは開催地決定まで紆余曲折の経緯があり、また開催地の開発にかんしても問題が起こった。

万博開催の前史として、日本は1940年(昭和15)に開催を予定していた万国博覧会を、戦争により中止に追いこまれた苦い経験がある。しかし戦後の日本は、朝鮮特需などで急速に復興し、サンフランシスコ平和条約締結、国連加盟といった万博開催の条件が整いはじめてきていた。

1964年4月には、商工官僚として「1940年万博計画」を主導した豊田雅孝参議院議員が、国会で万国博覧会開催を提案し、大阪が万博誘致の要望書を政府に提出した。こうした動きを受けて、政府も万博開催の検討をはじめ、同年8月、「1970年の万博開催を積極的に推進する」ことが閣議決定され、政府レベルでの開催に向けた動きが本格化した。

しかしこの時点では、大阪だけが開催地の有力な候補だったわけではない。会場候補地として兵庫県は神戸港東部埋立地、滋賀県は琵琶湖畔木浜《このはま》、千葉県は浦安埋立地が名乗りをあげ、大阪府は当初、南港埋立地を候補地に挙げていたという。池田勇人首相は羽田空港の跡地の利用、河野一郎建設大臣は琵琶湖を埋め立てて広大な敷地を造成することを提案していた。ただ、東京でのオリンピック開催とバランスをとる観点から、開催地は近畿圏が望ましいというのは大方の意見が一致するところで、大阪府と滋賀県、神戸市が誘致をめぐって激しく競りあった。

しかし、結果的に大阪のしかも北部地域に決まったことにより、東海道新幹線はその利便性を大いに発揮し、大阪府に隣りあう京都の観光を普及させる効果ももたらしたのである。

宮本常一の万博への期待

『忘れられた日本人』などの著作で知られ、日本の中央と地方の「格差」の解消にさまざまな提言をした民俗学者の宮本常一（１９０７〜１９８１）が、万博開催の前年、１９６９年（昭和44）11月に岩手県九戸郡山形村川井（現・久慈市山形町川井）で「都会文化と農村文化」という講演をおこなっている。宮本はここで大阪万博にたいして独自の見解を披露している。

宮本によると、山形村のような地方の村落でも、テレビをはじめ電化製品に現われる身の回りのようすは、都会と少しも変わらないようになった。10年前には想像もしなかったモダンな家が並ぶように変化したきっかけは東京オリンピックである。オリンピック以前は、日本全国の一般家庭のテレビの普及率はせいぜい20パーセントで、だれもが自分の家でオリンピックを見ようとテレビを買いはじめ、日本中に普及したのだ。このような現象が、さらにもうひとつ起ころうとしている。それは１９７０年に大阪で開かれる万国博覧会であると宮本はいうのだ。

わたしにはこの祭りがわれわれの想像もつかないような大きな祭りになりそうな感じがするんです。この万国博に集まってくる人たちは、最初三〇〇〇万人と見込まれていました。三〇〇〇万人でも驚くべき数字なのですが、いま農協などで予約をとっていますが、それから類推すると、だいたい五〇〇〇万人の人が動くのではないかと言われています。五〇〇〇万人と言いますと、そのなかにはひとりの人が二回行くということもありますが、日本の全人口の半分が来年七ヵ月の間に大阪へ移動することになります。これは全世界はじまって以来の大きな人の移動なんです。五〇〇〇万人という人がひとつの目的のために、つまり万国博を見るために大阪に集まるんです。

（「都会文化と農村文化」）

宮本の見立てでは、万博を見に行こうという希望は都会のほうが遅れていて、田舎の人たちのほうが先んじているという。万博には山形村からも多くの人が旅をすることになり、田舎が動きはじめると都会は慌てだすことだろう。一村のもの、一郷のものだった「お祭り騒ぎ」の気分は、横への連絡の広がりにより、いまでは日本全体のものになろうとしている。それぞれに「郷里」をもって生きている人たちが、同時にひとつになる。万博の開催はこれだけ大きなエネルギーになるのだということを如実に示している——。

きわめてすぐれたフィールドワーカーであり、列島内の格差の問題に頭を悩ませ、離島振興法の成立に尽力し、地方の停滞に心を痛めた宮本常一でさえ、万博に多大な期待を寄せていたのである。

ディスカバー・ジャパンと国鉄

東海道新幹線の開業、東京オリンピックと大阪万博の開催を継いで、中央集権的、東京中心主義的な「観光」のありかたを決定づけたキャンペーンがあった。

1970年（昭和45）10月14日、大阪万博の終了から1か月経った「鉄道の日」、国鉄が個人旅行を呼びかける「ディスカバー・ジャパン（DISCOVER JAPAN）」キャンペーンを開始した。国鉄がこのキャンペーンを企画した理由は、万博後にやってくる輸送力の落ち込みをどうカバーするかということだった。その手段として個人旅行を呼びかけ、とりわけ若い女性を主なターゲットにした。

キャンペーンの副題は「美しい日本と私」でノーベル文学賞を受賞した川端康成の記念講演の演題「美しい日本の私」に酷似していたが、川端本人の了解を得て、使用したという。なおこのキャンペーンは、広告代理店の電通が全面的にプロデュースしている。

国鉄は、1964年に東海道新幹線を完成させて東京・大阪間の輸送力を強化し、70年の大阪万博では大量の乗客を輸送した。

当時は地方空港や高速道路網の整備はまだ進んでおらず、マイカーの普及も発展途上だったこともあり、旅行者の多くは国鉄を利用していた。大阪万博はそれまで団体旅行しか経験しなかった多数の日本国民の目を、個人旅行に向けさせるきっかけとなった。「ディスカバー・ジャパン」キャンペーンがターゲットにしたのは、女子大生とともに可処分所得をもつOLだった。1970年3月に女性雑誌『an・an』、71年5月に同『non-no』が創刊された。両誌は競うようにオシャレな服で旅をすることを読者に勧めて、若い女性の個人旅行スタイル「アンノン族」を生みだした。

従来のキャンペーンは特定地域に絞ったものが多かったが、「ディスカバー・ジャパン」は全国的に進められた。キャンペーン開始と同時の10月に、永六輔が日本全国を旅する国鉄提供のテレビ番組「遠くへ行きたい」がはじまる。永自身が作詞し、中村八大が作曲した同名の主題曲も親しまれることになった。なお写真家の中平卓馬などによるキャンペーンを批判する動きもあった。

「ディスカバー・ジャパン」キャンペーンは第1次オイルショック（第1次石油危機）を経ながら1976年12月まで続けられ、78年11月には山口百恵が歌う同名の楽曲をキャンペーンソングとした「いい日旅立ち」がはじまる。しかし、80年を過ぎると、国鉄の累積赤字が大きな問題となり、航空網や高速道路網の整備、マイカーの普及が進み、私鉄や航空機、自動車などにたいする競争力も低下し、国鉄は弱体化していく。国鉄は赤字ローカル線の廃止・経営移管を進めるようになり、このような大型キャンペーンも下火になっていった。

「ディスカバー・ジャパン」は、旅人はあくまでも旅人であり、旅先に〈当事者意識〉をもたないようなイメージ戦略だった。だから、線で結ばれた鉄道旅行では、〈地方〉はあくまでも〈地方〉のままであり、地域の歴史を反映した文化や、そこで営まれている生活も風景の一部であり、〈中央〉から訪れる旅行者は、優越感とともに古びた、遅れた景色を眺めるのである。

1972年6月、田中角栄「日本列島改造論」を発表する──地方は発展したのか

『日本列島改造論』が掲げた理想

田中角栄（1918〜1993）が構想した日本列島改造論は、〈郷土〉を〈国土〉に収斂さ

せていく開発のありようを徹底的に推しすすめた計画にほかならない。

1972年(昭和47)、自民党総裁選にのぞむ田中が『日本列島改造論』を上梓する。本書は1972年(昭和47)の自民党総裁選出馬に向けた田中の政策集で、販売部数は90万部を超えたという。

その政策とは、日本の産業構造と地域構造を積極的に改革して、過密と過疎の弊害を同時に解消し、産業と文化と自然とが融和した地域社会を全国土に広めることを目的とした。「改造」の骨子は、(1)太平洋ベルト地帯に集中しすぎた工業の地方分散、(2)都市改造と新地方都市の整備、(3)これらを結ぶ全国的な総合ネットワークの整備の3点である。

高速道路網、高速鉄道網などを駆使して全国の移動速度を大幅に高め、主要地域を網羅する「一日経済圏」を実現しようとする構想で、都市部から地方へ向け工業再配置を促し、全国の格差解消をめざすものだった。人口と産業の地方分散を推進し、過密と過疎を同時に解消させるというのだ。さらに田中は、この本の第4章で、全長9000キロメートルを超える鉄道政策を説いてもいた。

田中の列島改造論は、当時は雄大な構想として評価されたが、いっぽうで公害を全国に拡散するものだという批判も浴びる。地価対策を講じる前に列島改造論を打ちだしたことは土地の投機を招き、狂乱的な地価の暴騰を引きおこすことになった。そしてついに1973年の第1次石油危機によって構想は破綻に追いこまれる。

田中は経済通とされる福田赳夫を大蔵大臣に迎えて「総需要抑制政策」に転換し、列島改造案件は全面凍結された。しかし、列島改造論が示した新幹線ルート建設は、国鉄民営化などで十数年にもわたって計画が凍結されたにもかかわらず、北海道新幹線や北陸新幹線、九州新幹線など現在までに相次いで再開している。

こうした新幹線依存と、〈中央〉と〈地方〉の空間的・心理的接近の道を開いた田中角栄は、1918年（大正7）新潟県刈羽郡（現・柏崎市）の農村地帯に生まれる。高等小学校を卒業した後、15歳で上京。43年に田中土建工業を設立した。47年以来16回衆議院議員に当選。57年、岸信介内閣の郵政大臣として初入閣。池田勇人内閣と佐藤栄作内閣の下では、大蔵大臣、通産大臣、自民党政調会長、幹事長を歴任し、日本の高度経済成長を支えた。72年7月、第3次佐藤内閣の後を受けて首相に就任、「今太閤」「庶民派宰相」ともてはやされた。中国を訪問して日中共同声明を発表し、中国との国交回復を実現した。

1974年、田中ファミリー企業の「土地ころがし」の実態などを暴いた記事が週刊誌に掲載され、同年末、首相を辞職。76年7月ロッキード事件で逮捕、起訴されたが、係争中も自民党の最大派閥を率い、「闇将軍」として政界に大きな影響を保った。1審、2審ともに懲役4年の実刑判決を受けたが、最高裁上告中の93年に死去した。その構想力や実行力、人心掌握術などが死去後も評価され、政治手腕とカリスマ性をもちあげた「角栄ブーム」が起きることがある。

新幹線の相次ぐ開通は、田中がめざした過密と過疎の同時解消にはつながったとはいえない。交通史家の小牟田哲彦も、東日本ではすべての新幹線が地方から東京をめざし、地方の果実を東京が吸い上げるストロー現象が起きたほか、地方間の鉄道ネットが旧国鉄時代より貧弱になったケースが少なくないと指摘している。

「全国総合開発計画」と下河辺淳

高度経済成長を押しすすめる理念となった計画が「全国総合開発計画」である。この計画は、国土総合開発法にもとづき、国土の均衡ある開発のために策定される国の計画で、5次にわたり策定されてきた。

新工業地帯形成に重点をおいた拠点開発方式を採用し、1962年（昭和37）に閣議決定された「全総」、新幹線交通ネットワークや大規模産業開発プロジェクトで特色づけられる69年の「新全総」、生活環境整備を重点とした定住圏構想が目玉の77年の「三全総」、多極分散型国土形成と地域間の交流ネットワークをめざす87年の「四全総」、6つの海峡横断道路事業とリニアモーターカーの早期実現を盛りこんだ98年の「五全総」である。

これらの計画はどれも、経済成長の結果生じる地域間格差、過密と過疎の進展、東京一極集中を是正し、経済成長において相対的に不利な地域も平等に恩恵や利益を受けることを志向するものである。そしてそれは、これらの地域を地盤とする自民党が重視し続けてきた政策でもあった。2005年（平成17）に国土総合開発法は国土形成計画法と改正・改称され、以後、国土形成計画が策定されることになる。

「全国総合開発計画」の生みの親といえる存在が、下河辺淳《しもこうべあつし》（1923〜2016）である。

下河辺は東京生まれで東京大学第一工学部建築学科を卒業。在学中に終戦を迎えたため高山英華の下で戦災復興都市計画に参画し、卒業後、戦災復興院技術研究所勤務。経済審議庁、建設省を経て、経済企画庁総合開発局長、国土庁計画・調整局長を歴任し、1977年に国土庁事務次官に就任。62年に策定された第1次の「全総」から98年に策定された第5次の「21世紀の国土のグランドデザイン」（「五全総」）まで、一貫して国土政策・行政にかかわり、日本復帰前から沖縄の振興計画立案においても指導的役割を果たした。『日本列島改造論』のベースとなった、68年に田中角栄が発表した「都市政策大綱」にも深く関与した。95年からは阪神・淡路復興委員会委員長として復興政策の立案に参画している。

下河辺が主導した全国総合開発計画のうち、「四全総」では、遷都論が検討されていた。しかし、全国総合開発計画でも田中角栄の『日本列島改造論』でも、大災害発生の可能性や、それへの対処はほとんど考慮されていない。なぜなら関東大震災以降、日本の幹線、幹道である東海道エリアでは、大地震が発生してこなかったからにほかならない。

世界都市博覧会と鈴木俊一

1964年の東京オリンピック、1970年の大阪万博に深く関与した人物として鈴木俊一（1910〜2010）の名前を挙げておく必要がある。

鈴木は東京府北多摩郡中神村（現・昭島市）に生まれ、東京帝国大学法学部政治学科卒業後、1933年（昭和8）に内務省に入り、地方自治法の制定など第2次世界大戦後の地方自治制度の土台づくりに携わる。50年から58年まで地方自治庁次長、自治庁次長、自治省事務次官を歴任、戦後地方自治のスタート時点で事実上トップの地位にあった。

1958年に第2次岸信介内閣の内閣官房副長官となった後、59年から67年東龍太郎都政下の副知事を2期務め、64年の東京オリンピックの成功に尽力した。知事退任後の67年には日本万国博覧会協会事務総長となり、万博を成功に導いている。

首都高速道路公団理事長、公営企業金融公庫総裁を経て、1979年の東京都知事選で自民党などの推薦を受けて当選、95年まで4期16年にわたって都知事を務めた。「マイタウン東京」を提唱し、3期目に臨海副都心計画に着手。91年4月に都庁舎を千代田区丸の内から新宿区西新宿に移転させた。

鈴木が官僚、政治家としての集大成として取りくんだのが1996年の開催をめざした世界都市博覧会である。世界都市博覧会は湾岸開発・臨海副都心を内外にアピールする起爆剤として、鈴木が推進し、事業費3兆9000億円という巨額を投じている。

この計画はもともと1988年に東京ルネッサンス委員会が「東京都市博覧会」として提唱し、翌年「東京フロンティア」と改称、基本計画や方針が決定・発表された。東京テレポートタウンを会場に、メインテーマを「都市・躍動とうるおい」としてイベントを繰り広げようとするもので、「世界都市博覧会」とは呼称していなかった。「世界都市博覧会」として再浮上したのは、93年に泉真也や木村尚三郎らが総合プロデューサーに就任したころからだった。しかし、その間にバブルが崩壊する。そのため臨海開発と併せて見直しがおこなわれる。

鈴木都知事は計画の縮小、2年延期など開催に向けて意欲を示すが、1995年の都知事選に無党派の青島幸男が、「都市博中止」を公約のひとつとして当選した。そして青島新知事は5月31日に中止を発表したのである。忸怩たる心境の鈴木は、青島の判断を伝え聞き3月に起こった事件になぞらえて「まるでサリンをまかれたみたいだ」と述べて顰蹙《ひんしゅく》を買った。

鈴木が成しとげようとしたのは、まさに関東大震災、東京大空襲を通じて被災の中心だった東京区部の東部エリアを開発することにあった。しかし、その手法は大規模な建築物をつくることや、巨大イベントを仕組むという、階層的周縁にいる人びとには利益をもたらさない開発にすぎなかったのである。

戦後復興、高度経済成長は国土開発の歴史だったといっても過言ではない。開発を推進するためにさまざまな計画が立案され、イベントが仕組まれた。ただ、〈中央〉と〈地方〉の格差は狭まらず、地域に甚大な被害をもたらす災害に関心を払い、防災・減災に注力してきたとは決していえないのだ。

4 呼びおこされる〈自然回帰〉

1995年1月、阪神・淡路大震災が起こる——ボランティアの功罪

破壊された現代都市

1995年（平成7）1月17日5時46分、淡路島北部の北緯34度36分、東経135度02分、深さ16キロメートルを震源とするマグニチュード7・3の地震が発生した。この地震により、神戸と洲本で震度6を観測したほか、豊岡、彦根、京都で震度5、大阪、姫路、和歌山で震度4を観測するなど、東北から九州にかけて広い範囲で有感となった（気象庁地震機動観測班による被害状況調査の結果、神戸市の一部の地域などで震度7であったことがわかった）。

この地震は、内陸で発生した直下型地震である。破壊された断層付近で非常に大きな揺

れが生じ、神戸市を中心とした阪神地域と淡路島北部は甚大な被害を受けた。この災害は、死者6434人、行方不明者3人、負傷者4万3792人という戦後最悪のきわめて深刻な人的被害をもたらした（消防庁調べ、2005年12月22日現在）。住家については、全壊が約10万5000戸、半壊が約14万4000戸にものぼった。

「ボランティア元年」

阪神・淡路大震災は直後から、全国各地から参加した延べ180万人（1997年12月末までの推定）がボランティアとして被災地に駆けつけた。震災直後の1年間で138万人、多いときで1日2万人が活動し、被災者を支援するボランティア団体やNPOが数多く生まれた。このことから1995年は、「ボランティア元年」と呼ばれるようになった。しかし、先に見たように関東大震災でも自発的ボランティアは活動しており、阪神・淡路大震災が「ボランティア元年」といえないことは強調しておいてもよい。

全国から駆けつけたボランティアの当初の役割は、食糧・物資配給、高齢者らの安否確認、避難所運営が主だったが、罹災者の仮設住宅への入居が進むにつれ、引っ越し作業の手伝いや高齢者、障害者のケアへと変わった。ボランティアの内訳は、県外者が6割以上を占め、個人で活動するボランティアが多く、なかでも特技・資格をもたない一般ボランティアが目立ったという。ボランティア活動ははじめてというものも多かったことから、受けいれる側は彼らへの対応に追われる面もあったといわれる。こうした初心者ボランティアには、宿泊や食事のあてもなく神戸に来たものも多かった。4月以降、学生中心の外部ボランティアが引きあげたため、ボランティアが激減した。また、平時から結びつきが強かったコミュニティでは、救援・消火活動などに大きな力を発揮した例がある。自治会などについては、震災時に機能しなかったという評価もある。

阪神・淡路大震災に主に東京から多くのボランティアが集まってきた要因のひとつに作家・田中康夫の存在があった。

それまでの田中は流行風俗に耽溺する軽薄なイメージが強かったが、大震災の惨状を知り、自発的ボランティアとして積極的に活動したのである。有名人による社会貢献はその訴求効果から、否定的に捉える理由はない。しかし、ボランティアがステイタスやファッションとでもいうべき意識をもったことにより、〈当事者性〉以前の問題を引きおこしてしまったのである。

「観光客的ボランティア」にたいする批判

阪神・淡路大震災のボランティアは、多くの被災者から感謝されたいっぽう、知識や経験が定着していなかったことから、一部の人間によるさまざまなトラブルが生じた。

また震災時は大学生で、後に兵庫県西宮市長になった今村岳司は、阪神・淡路大震災での体験を顧みるなかで、当時のボランティアを「観光気分で来た自分探し」「ただの野次馬観光客」「人から感謝されることを楽しみにやってきただけ」などと批判し、「被災地に必要なのは、プロだけ」だと述べている。おそらくは、田中康夫のような著名人や、それに影響された若年世代の活動をメディアをとおして知り、ブームに乗り遅れまいと神戸をめざした人もいたのだろう。彼らにとってはボランティア自体が目的化し、被災地神戸を訪ねることが、ツーリズムの新しいありようとして認識されたのかもしれない。

日本近代文学研究者の前田潤は、田中のボランティア活動の特徴を次のように整理している。

田中康夫の神戸での活動に関していえば、それは、それまでの「ボランティア」の常識を覆《くつがえ》す問題提起的なものであった。「風呂とベッドの〝都市生活〟を満喫した上での甘ったれ坊やのボランティアごっこかい、と揶揄されるのは覚悟の上だ」と自ら書き記している通り、田中の震災ボランティアは自己犠牲に基づく奉仕精神を至上とするか価値観に疑義を呈する、最後まで自己のスタイルを貫く意志的な行動として展開される。

（『地震と文学――災厄と共に生きていくための文学史』）

いずれにしても田中のボランティアのありかたは、流行現象となり、若者たちを動かしたのである。

同じような事態はその後も繰りかえされ、2004年（平成16）10月23日に起こった新潟県中越地震でも、県外から入った災害ボランティアやNGOは、地元の社会福祉協議会や青年会議所、地元NPOと良好な関係を保つものが多かったいっぽう、一部のNGOは深刻な対立を生んだという指摘もある。

被災地における地蔵祭祀

阪神・淡路大震災をめぐる慰霊のありかたとして、いくつかの興味深い調査がある。

民俗学者・森栗茂一の『地蔵・長屋の歴史民俗学――震災を越えてきた街 神戸長田か

ら』（2021年）、人文地理学者・相澤亮太郎の「阪神淡路大震災被災地における地蔵祭祀――場所の構築と記憶」（2005年）などである。ふたつの論文によると、震災後、焼け跡や瓦礫の山から地蔵を掘りだし、住宅より先に地蔵を納める祠を再建した例や、仮設住宅に地蔵を持ちこみ、例年どおり地蔵盆をおこなった例があったという。森栗は、震災1年目の地蔵盆を「犠牲者の追悼」と「復旧希望の儀式」であったと位置づけている。

相澤によると地域住民たちは、「地蔵は下町の文化」であるとか、「子どもの頃の想い出を今の子たちにも残してやりたい」などと地蔵祭祀を多面的に評価し、住民の暮らす場所を構成する重要な存在として地蔵を位置づけ、祭祀再開に向けて取り組みはじめた。阪神・淡路大震災の直後、地蔵は、震災犠牲者への慰霊や復興祈願の役割を与えられたという。さらに相澤は祭祀継続の是非を問われた際、住民たちは「地蔵を祀らないこと」と「地蔵を祀る」ことを比較したうえで判断したといい、「地蔵のある地域」「地蔵盆の光景」というようなレベルでの震災以前からの地蔵の記憶が、評価や動機に大きな影響力をもっていたというのだ。

しかし、震災から10年が経過した時点では、相澤が調査した地域（駒ヶ林・細田町・神楽町など）でも、慰霊や復興祈願など、震災に直接関連する意味づけは顕在化していないという。地蔵個別の由来や御利益、祭祀方法などは固定化されず、ひとりひとりの住民が自由かつ柔軟に意味づけをおこない、祭祀を続けてきたというのだ。しかし、個々人の内面的な祈念はおこなわれているのではないか。

関東大震災でも、阪神・淡路大震災や東日本大震災でも、周年ごとに大きな祈念（記念）式典が催され、メディアを通じて報道される。また立派な祈念（記念）碑や祈念（記念）塔が建てられることもある。ただ、記憶を継承し災害を身近に感じるためには、こうしたささやかで民俗的な信仰も大切なことだと思う。

2011年3月、東日本大震災と福島原発事故が起こる――復興とエコロジー

広範囲に及んだ被害

2011年（平成23）3月11日14時46分ごろ、牡鹿半島沖東南東約130キロメートル、深さ24キロメートルで日本の観測史上最大のマグニチュード9・0という超巨大地震が発生、さらに、15時8分ごろ岩手県沖でマグニチュード7・4、15時15分ごろ茨城県沖でマ

グニチュード7・7の巨大地震が連続的に発生した。一連の地震は、三陸沖を中心とする、岩手県沖から茨城県沖まで、幅200キロメートル、長さ500メートルキロに及ぶ広大な震源域をもつものと推定され、三陸地方をはじめ太平洋岸の各地に大津波が襲った。

津波は、北海道から沖縄県まで観測され、岩手、宮城、福島の東北3県では浸水高が10メートルを超え、最大遡上高は明治三陸地震（1896年）を上回る観測史上最大の40メートルだった（2012年1月14日現在、東北地方太平洋沖地震津波合同調査グループ調べ）。海岸から数キロメートル内陸にまで津波が浸入した地域もあり、建物が根こそぎ流されて壊滅状態になった町もある。

地震にともなう巨大な揺れ、火災、液状化現象、地盤沈下などによっても大きな被害が各地で発生した。茨城県や千葉県でも津波による死者が出たほか、千葉県浦安市では市域の4分の3で液状化が起き、家屋の傾斜や断水、路面の地割れなどの被害が出た。首都圏では、交通機関が運行を停止し、帰宅困難者が多数発生している。また最大震度5弱以上の大きな余震もたびたび起きた。

2012年5月現在、大震災による死者1万5858人、行方不明者3021人（警察に届け出があったもの）。大津波による漁船被害は2万2000隻以上、農地の被害は2万36

00ヘクタール以上にのぼる。建物の被害は、2011年4月の警察庁発表によると、全壊6万2112戸、半壊2万5002戸、一部破損19万3921戸。避難生活を余儀なくされた人は最大で40万人以上とされる。また自力での避難が困難な高齢者や障害者の死亡率が高く、避難所や移転先の施設などで亡くなった人も多かった。

明治と昭和で繰りかえされた大災害は、規模を小さくするどころか、より強大、広範なものとなって東日本を襲ったのである。

原発事故の顚末

東日本大震災の被害が、過去の地震津波よりも強大、広範なものになった一因は、テクノロジーの発展が災いしたとみて間違いない。科学技術の進歩は、防災・減災とは逆向きに作用してしまったのだ。

強大な地震と津波により、福島県の海岸線に建つ福島第一原子力発電所が外部電源や多くの非常用電源設備の機能を失ったことなどにより、炉心を冷却する機能が損なわれてしまう。

6基の原子炉のうち1、3、4号機で水素爆発が起こり、原子炉建屋が損傷。一連の事故で放射性物質が大気中に放出された。国際的な事故評価尺度（ＩＮＥＳ）で最悪、１９８６年の旧ソ連・チェルノブイリ原発事故と同等レベルの「レベル７（深刻な事故）」と評価された。

国の原子力災害対策本部は、福島第一原発から半径20キロメートル圏内を警戒区域に、事故発生１年間の積算線量が20ミリシーベルトに達する恐れのある区域を計画的避難区域に指定するなどし、約11万人が避難を余儀なくされた。

一部の農産物などから国の暫定基準値を超える放射性物質が検出された。日本製品の輸入を停止した国もあり、国内の消費者にも、被災地の農産物の買い控えなど、風評被害とみられるような行動もあった。

携帯電話やメールがつながらなくなった災害時や、その後の支援活動時に、ツイッターなどのソーシャルネットワークサービスが活躍した。発生直後には、大惨事の混乱のなかで冷静に秩序を保つ被災者が海外で報道され、賞賛されたという。しかしいっぽうで、無数のデマが蔓延し、また関東大震災と同様の「天譴論」が口にされたことも忘れてはならない。そうした意味で、私たちは関東大震災の呪縛から解かれていないし、災害に向きあう社会的進歩を遂げていないのである。

災害後には多くの場合、さらなる恐怖を予見するタイプの流言が出現するが、そのような流言は東日本大震災の際にも発生した。

地震発生直後、ツイッター上に、「皆さん気をつけてください。慌てないでください。阪神・淡路大震災のときは最初の地震から3時間後に一番大きな揺れが来ました」といったツイートが飛びかった。この書き込みは、「阪神・淡路大震災を経験したものです」といった付加情報とともに流され、多くのユーザーにリツイートされていった。しかし、当時の記録を調べても、阪神・淡路大震災のときに、3時間後に最大の揺れが来たという事実はないという。

被災地における霊体験

東日本大震災以降、亡くなった近親者や仲間の霊に被災者が会った、あるいは被災地を訪れた人が幽霊とコミュニケーションをとったなどという体験談がメディアをめぐった。

津波で亡くなった子どもが生前に遊んでいたおもちゃが、親の前で動いたという話がある。その子どもの母親が食事をするとき、祭壇に向かって「こっちで食べようね」と声をかけると、子どもが愛用していたハンドル付きのおもちゃの自動車のライトがいきなり点滅し、音を立てて動きだした。

震災前に住んでいた家の前で、携帯電話を使って写真を撮ってみると、小学校で津波に巻きこまれ、行方不明になったままの子どもの顔が写っていた。それ以来、だれかが天井を歩いたり、壁を叩いたりする音が聞こえるようになった。物音が奏でるリズムは、落ち着きのなかった子どもの生前の性格を思いおこさせた。

被災地を訪ねた人の体験談では、宮城県石巻市で複数のタクシードライバーから霊と遭遇した話を聞いたという、若い研究者による調査事例がよく知られている。たとえば、石巻駅で乗せた30代の女性は、初夏であるにもかかわらずファーのついたコートを着ていた。目的地を聞くと、大津波で更地になった集落だった。「コートは暑くないか？」とたずねたところ、「私は死んだのですか？」と言うのでミラーを見ると、後部座席にはだれも坐っていなかったといったものである。

夏の深夜、小学生くらいの女の子がコート、帽子、マフラー、ブーツなどで厚着をして立っていた。「お母さんとお父さんは？」とたずねると「ひとりぼっち」と答えた。女の子の家があるという場所の近くまで乗せていき、感謝を表わして降車したと思ったら、その瞬間に姿を消した。

1万5000人以上の人が亡くなった大震災について、多くの人がその事態の全容をつかむことができず、当事者から距離をおく人びとを中心に、スピリチュアルな体験にもとづいて災害を理解しようとするため、こうした体験談が流布したのだろう。しかし、こうした体験談が、災害を〈社会的事件〉として認識することを妨げることになるのではないだろうか。

幽霊と遭遇した話の多くが、ある種の「美談」になってしまっているのは、特徴的である。幽霊はだれかを、何かを恨んだりはしていない。こういう体験談は、あくまでも生きている人びとの期待にほかならず、幽霊はやはり古来のルールに従い、恨みを抱いてこの世に出るはずではないかと思う。

震災後でなくとも、身近にいた人の突然の死に向きあったとき、その人が夢枕に立ったり、現実世界に現われて、なにかしらの接触をはかろうとしたりすることは起こる。たとえば交通事故現場に幽霊が立つことはよくある。こうした日常的な霊体験、神秘体験は、この瞬間にも各地で体験されているのだ。幽霊との遭遇は、身近な人の死に際して、また大震災の被災地以外の場所でも起こりうる。不謹慎に受けとられるかもしれないが、東日本大震災では幽霊の数が圧倒的に多かったことから、それだけたくさんの体験談が話されているのである。

社会学からなされる霊性の追究は、震災の〈社会現象〉という側面をないがしろにしている。「東北ならではの死との近しさ」といった言説は、この調査以外でも唱えられ、また「日本人ならではの霊へのやさしさ」といった情緒的なナショナリズムに回収されていったのだ。

うしろめたさの感情

被災地における霊魂譚のなかには、特定の個人ではない霊と遭遇した体験も記録されている。こうした例は、素朴な霊体験とは異なる位相をみせてくれる。

津波被災地の近くに住む男性が、震災後10日ほど経ってから現場を訪ねて、死霊に憑かれたと感じた。男性はある日、自動車に「災害援助」という嘘の貼り紙をし、アイスクリームを食べながら被災地を歩いた。すると、その日の夜からうなされるようになり、自分の家族に向かい、「死ね、死ね、みんな死んで消えてしまえ」「みんな死んだんだよ。だから死ね！」と叫んで、何日も暴れ回ることになった。男性の苦悩を聞いた宗教家は、死者にたいする畏敬の念をもたずに、興味本位で被災地を訪ねたせいだろうと答えたという。

しかし、東日本大震災以降、霊体験はともかく「妖怪」に遭った、新しい「妖怪」が生まれたという例は聞かれない。河童や天狗、ザシキワラシといった妖怪は、災害や戦争による「亡霊」の集合体であるとともに、生き残った人びとが抱えるうしろめたさの感情が、形をとったものではないかと思うのだ。すると、死霊に憑かれた男性がうなされたのは、孤独に分散した「個別霊」ではなく、無数の霊が結びついた「集合霊」だったのかもしれない。

「個別霊」が集まり、「妖怪」が見いだされたとき、被災地の精神的な復興が、少しでも果たされるのではないか。つまり妖怪は、共同体の狭い枠組みを逸脱した、あるいは超越した公共的な存在だと解釈することができるのである。

防潮堤と高台移転

津波被災地では防潮堤をめぐって、さまざまな問題提起がなされた。

khb東日本放送での2022年(令和4)12月21日の報道「景観か防潮堤か　復興事業に複雑な思いを抱える住民も　宮城・石巻市雄勝町」によると、住宅の8割が全壊、173人が死亡し、現在も70人の行方がわかっていない雄勝町では、高さ最大9・7メートル、全長3キロメートル以上にわたって続く巨大な防潮堤は、震災後に建設された。

町では、当初は住宅も道路も高台に移し、高い防潮堤は造らず景観を守る計画を掲げていたという。しかし、道路の高台移転は復旧の対象外で、国の復興予算が使えないことを理由にこの計画は頓挫してしまう。

いっぽう、防潮堤なら、国が特別に全額を負担する方針だったことから、県や市は海沿いの道路はそのままにし、巨大な防潮堤を建設する考えだった。町は、住民の意見を石巻市や宮城県に要望したが議論は平行線をたどり、反対の声が根強いまま、2013年3月に防潮堤の建設を受けいれたという。

防潮堤の建設がはじまったのは、計画を受けいれた約3年半後の2016年7月だった。高台の造成などに時間がかかり、戻る予定だった人も町を離れていた。震災前約4000人いた雄勝町の人口は、現在1000人ほどになり人口激減に直面し、しかも防潮堤の建設が支所と住民、そして、住民同士のあいだに大きな溝を残したという。

つまり当事者のあいだでも復興と、またいつ来るともしれぬ災害を見すえた未来像はきわめて個別的なものであることがわかる。

「緑の防潮堤」の提案

防潮堤をめぐっては、次のような記事も興味深いものだった。

２０２１年（令和３）３月24日に配信された、関口威人取材・文によるＹａｈｏｏ！ニュースオリジナル特集「被災地で進む『緑の防潮堤』津波を抑えることはできるのか？ 生育と防災効果を探る #これから私は」もさまざまな問いを投げかける。

震災後に一部の地域では、国が主導するコンクリートの海岸堤防造りが優先された。被災地の沿岸部、宮城県南東部の岩沼市では「森」や「緑」を取り入れた防潮堤造りもはじまった。

岩沼市は東日本大震災の津波で市域の約48パーセントが浸水し、１８７人の死者・行方不明者が出た。震災後、市は内陸への集団移転をいち早く決断。かつて田畑や住宅が広っていた海岸部一帯には、高さ10メートルほどの丘14基と「緑の堤防」を備えた公園、「千年希望の丘」を造ることを決めた。植えられている木はタブノキ、シイ、カシなどの常緑広葉樹（照葉樹）を主体に約20種。希望の丘では２０１３年６月に植樹がスタートし、これまでに約35万本の苗が人の手で植えられた。

沿岸地域に「森の防潮堤」を造り、津波被害を減らそうと呼びかけたのは植物生態学者で横浜国立大学名誉教授の宮脇昭。その土地本来の「潜在自然植生」を研究していた宮脇は震災後、防災林のクロマツが根こそぎ倒れていたなかで、タブノキやヤブツバキ、マサキなどの広葉樹が津波に耐えていたのを確認。瓦礫を活用した盛土に広葉樹を植えて「森の防潮堤」とする構想を、国や自治体に提案した。

震災でコンクリート堤防を乗り越えた津波は、その落ちる勢いなどで堤防の陸側を基礎から削り取り、堤防全体を破壊した。これは河川の堤防決壊でもみられる「洗掘」というメカニズムで、宮脇によると、陸側に盛土をして木を植えることで基礎が守られるという。

国交省ではこうした提案を含めて、堤防のありかたを検討、2014年には海岸法を改正し、コンクリートと緑の〝ハイブリッド〟な工法を「緑の防潮堤」の名称で海岸保全施設として位置づけ、国交省東北地方整備局は、岩沼市と隣の山元町の海岸堤防の計3か所で「緑の防潮堤」を試験的に整備した。林野庁所管の森林総合研究所は、津波の内陸部への到達時間が防災林によって30～60秒遅れるとするシミュレーションを示し、樹木は海岸の「最前線」よりも、内陸で機能をしっかり果たすことが求められているとする。

このプロジェクトは、これまで被災3県6市町で計50万本以上の植樹にかかわってきた。東北の被災地以外に南海トラフ地震への備えが必要な高知県や大阪府、三重県で、小規模ながら、森の防潮堤造りがはじまっている。緑の防潮堤の津波への減災効果があるのかは、専門家のあいだでも意見が分かれている。

宮脇の提案は希望の丘を計画していた岩沼市にも示され、それに市も賛同し、実証試験を経て2013年6月に第1回の植樹祭を開いたという。専門家でも意見が分かれる防災・減災設備だが、「自然には自然で抵抗する」という手法にある種の思想性を見いだすことができるのではないか。

原発再稼働と自然回帰

大災害で起こった〈社会的事件〉にたいして、〈自然現象〉に起因するとは捉えないで、〈社会現象〉を優先させすぎる態度もみられた。

福島第一原発事故後には、地震による原子力事故への危惧が高まり、東京や福島県浜通りなど全国各地で、原発の再稼働に反対し、原発の廃止を求めるデモ活動がおこなわれた。

2011年（平成23）3月20日に東京・渋谷で、同月27日には銀座で大規模なデモがおこなわれ、いずれにも約1000人が集まったと報道された。4月10日には、東京でふたつの反原発デモがおこなわれた。6月11日には新宿で約2万人（主催者発表）が参加するなど、デモやイベントが全国各地で開かれ、参加者はあわせて7万9000人と報じられた（『朝日新聞』）。9月19日には東京・明治公園で、ノーベル賞作家・大江健三郎らが呼びかけて6万人（主催者発表）規模のデモがおこなわれた。また6月11日にはスタジオジブリのある東京・東小金井で映画監督の宮崎駿もデモをおこなったという。

右翼団体や民族派でも、反原発デモや団体に同調したり、デモに参加したりするものが現われた。一部の右翼団体は2011年7月から11月にかけて「右から考える脱原発集会&デモ」と称して集会・デモ行進を実施し、民族派の新右翼・鈴木邦男は、脱原発を唱える環境団体の賛同人に名前を連ねている。

彼らの主張は、「子どもたちの命と麗しき山河を守れ」「国土を汚すな」「核の平和利用反対」「祖国を荒廃させるリスクがある原発依存体質からの脱却」といったもので、「山河」や「国土」「祖国」が強調されている点で、彼らの従来からの主張の延長線上にあるとみなすこともできるだろう。

ここには関東大震災後にみられた「民俗学」や「民藝」の創造、永続的な価値観を再発見していく意識や行為と結びつくものがあるように思える。ただし〈社会的事件〉にばかり目を奪われ、〈自然現象〉をどのように防ぐかという視点を重んじることがないという矛盾をはらむものだったのだ。

放射能と〈ケガレ〉

「原発由来の放射能」をめぐっては、「ケガレ（穢れ）」という民俗的な意識・感情が、人びとのあいだに渦巻いた。

2011年（平成23）8月12日、京都市は「五山送り火」で、東日本大震災の津波になぎ倒された岩手県陸前高田市の松でできた薪を燃やす計画について、中止すると発表した。薪は、市の要請で協力した福井県のボランティア団体などが500本を集め、11日に京都市役所に運んだ後、市が民間の検査機関に放射能検査を依頼。検査では、すべての薪の表皮と内側を一部削り取り、それぞれ一塊にして調べた。その結果、表皮のみ1キログラムあたり1130ベクレルの放射性セシウムが検出されたという。

計画をめぐっては、放射能への不安の声が一部の市民から寄せられ、送り火の主催者である大文字保存会が被災松の受けいれを中止。各地から苦情が殺到したため京都市が別の薪を取り寄せ、大文字をはじめとする五山の各保存会が16日の送り火で燃やすことで事態の収拾をはかろうとした。

環境省は、焼却処分が可能な放射線濃度の基準を示していないとしたが、記者会見した門川大作京都市長は中止の理由について、「もともと送り火で燃やすには放射性物質が出ないことを前提にしていた」と説明した。市は、五山送り火の各保存会と、陸前高田市に中止の決定を連絡し、門川市長が陸前高田市に謝罪に行くと申しでたが陸前高田市側から断られたという。

〈事件〉というべきこうした事態は、目に見えないケガレが、本来は犠牲者にたいする慰霊の意味もこめられた伝統行事を中止に導いてしまったといえる。さらにここには、大災害が招いた感覚やイデオロギーにもとづく分断が生じている。関東大震災以来、日本人がとらわれてきた〈社会性〉にもとづくことなく、災害が人と人を隔ててしまうという宿痾《しゅくあ》が再び発生してしまっているのだ。

2021年7月、二度目の東京五輪が開催される――〈景観〉へのまなざし

たてまえとしての「復興五輪」

2021年（令和3）7月23日、「東京2020夏季オリンピック」の開会式が、東京・千駄ヶ谷の国立競技場で、無観客で催された。

まだ記憶に新しく、「東京2020」と銘打たれているようにもともとは1年前に開催されるはずが、新型コロナウイルスの感染拡大が収まらなかったことから、開催反対の声を押しきってこの日からはじめられることになった。しかしそもそも、このオリンピックは東日本大震災を踏まえた「復興五輪」が動機になっていたはずだった。

東京都は2009年（平成21）まで、当時の都知事・石原慎太郎の提唱で2016年夏季オリンピック招致の構想を抱いていた。しかし、09年のIOC総会で落選し、招致に失敗していた。その後、11年に4選を果たした石原が2020年大会への立候補を表明し、石原の退任後は新都知事である猪瀬直樹に構想が引きつがれていた。この間に日本の東北地方は大震災に襲われていた。このため2020年オリンピック開催の趣旨のひとつに「復

興五輪」が掲げられていたのである。

２０１３年９月７日、日本時間の８日にブエノスアイレスで開かれた第１２５次ＩＯＣ総会で、２０２０年夏季オリンピック開催の立候補都市による招致演説とＩＯＣ委員による投票がおこなわれ、最終選考に残ったイスタンブール（トルコ）、東京、マドリード（スペイン）の三都市から、最初の投票でマドリードが落選し、決選投票で東京での開催が決まった。

復興庁は、２０２０年東京オリンピックの意義を次のように述べていた。

・東日本大震災に際して、世界中から頂いた支援への感謝や、復興しつつある被災地の姿を世界に伝え、国内外の方々に被災地や復興についての理解・共感を深めていただくこと

・大会に関連する様々な機会に活用される食材や、競技開催等をきっかけとして来ていただいた被災地の観光地等を通じて、被災地の魅力を国内外の方々に知っていただき、更に被災地で活躍する方々との《ママ》つながっていただくことで、大会後も含め「買ってみたい」「行ってみたい」をはじめとする被災地への関心やつながりを深め

ていただくこと
・競技開催や聖火リレー等、被災地の方々に身近に感じていただける取組を通じて、被災地の方々を勇気付けること
等により、復興を後押しすることを主眼とするものです。

復興庁は、右のような理念を大会招致のときから掲げられてきたといい、こうした目標が達成できるように復興の情報発信などに取りくんできたとする。しかし、「復興五輪」はあくまでもタテマエにすぎず、コロナ禍のさなかに開催されたこともあり、ナショナルな意識の醸成すら成功しなかった。

コロナ禍に現われた自粛警察

新型コロナウイルスの感染が広まり、政府や都道府県が外出自粛を呼びかけるなか、「自粛警察」と呼ばれる人びとが各地で生まれた。彼らは自粛の要請に応じない店舗にたいし、嫌がらせや落書き、通報をするなどして、世の中をさらに混乱に導いた。皮肉をこめていえば、自発的でボランタリーな自警団が登場したのである。

千葉県八千代市では、自粛要請に従って休業していた駄菓子屋に貼り紙が見つかった。この駄菓子屋は緊急事態宣言が出される前から自主的に休業していたが、「コドモアツメルナ　オミセシメロ　マスクノムダ」と直線的な赤い文字で書かれた紙が、店の入り口に貼りつけられていた。東京・吉祥寺の駅前商店街には、多くの買い物客が訪れていると報道されたことから、抗議の電話や手紙が殺到した。抗議の内容は、「すべての店を閉めさせろ」「ほかの店は閉めているのに利益をあげているのは最低だ」「武蔵野市の恥」といった乱暴なものが多かったという。

こうした不可解な行動については、「歪んだ自己顕示欲の発露」との見方がある。また、感染症にたいする漠然とした不安やストレスを、「コロナ」や「ウイルス」という言葉に置き換えることでまぬかれようとしていたともいえる。

自粛警察のふるまいは、未知のウイルスにたいする恐怖感や、誤った正義感がもたらすものだろう。しかし民俗学の見地から考えると、ウイルスを暴力的なまでに忌避する感情と行為の背景には、ウイルスそのものや感染者、あるいは予防しようとしない人びとまでも、一種の「ケガレ」として捉える観念が働いているといえるのではないか。

ケガレとは日本の民俗における禁忌（タブー）のひとつだ。科学的根拠がなく、現在では倫理的にも支持されていないが、出産や死、月経、家畜の死、病気などにより、当事者とその関係者に忌避すべき何かが付与された状況をいう。このケガレを避けようとする強迫的な観念は、ウイルス禍のさなかに、さまざまな形で常軌を逸する行動を生みだしたのだ。

都道府県をまたいだ移動の自粛が要請されるなか、感染者が少ない地域でもさまざまな嫌がらせが横行した。県外ナンバーの自動車に傷をつける、運転手に暴言を吐く、あおり運転するなどといったふるまいである。一部の自治体はこのような行為にたいし、ドライバーが県内在住者であることを明示できるシートを配布した。

ウイルスを可視化したいという感情が、感染者をウイルスそのものだと見て、人権を侵害するような行動に人びとを駆り立てたのだ。

感染性の流行病をめぐる無根拠な風説は、1858年（安政5）のコレラ大流行の際にも存在した。長崎の外国人を敵視したうわさが流布したというものだが、このときには「異人」にたいする恐怖が重ねられていた。また近代に入ってからも、関東大震災の際の「朝鮮人」をめぐるデマ以前にも、差別的、扇情的な流言が繰りかえされてきた。

松山巖の『うわさの遠近法』によると、1877年（明治10）10月に千葉の鴨川でコレラ患者が出たとき、漁師たちのあいだで、「コレラが流行するのは小湊町のある医師と警官が井戸に毒薬を入れ、病院に隔離した患者の生き胆を投げ入れているためだ」とのうわさが立った。そこへまた患者が発生したため、その医師が隔離しようとすると、漁民は反対して彼を追い詰めたので、医師は川に飛び込んで逃げようとして溺死した。

一連のコレラ騒動は一揆まで引きおこし、1880年に9件も発生したことが記録に残っている。当時の報道から一揆の原因を推測すると、役人が井戸に消毒薬を入れるのを見て毒を流し込んだと誤解したことや、「病院に入ると西洋人に生き胆を抜かれる」といったうわさがもとになったようである。

こうしたデマの最も大規模なものが関東大震災の際に起こった。しかしその反省がなされぬまま、スケールは小さいとはいえ、このコロナ禍でも再現されたのだ。

「景観論争」の行く末

2020年東京オリンピックは、半径8キロメートルの圏内に85パーセントの競技会場を配置する〝コンパクトさ〟を開催ビジョンに掲げた。このため新たに施設を建造するのではなく、既存施設の活用が求められていた。

こうした目標を立てたにもかかわらず、1964年東京オリンピックのメイン競技場だった国立競技場を解体し、同じ場所に新しい競技場を建設することとなった。そしてこの競技場はコンパクト五輪の数少ない目玉になるはずだった。

コンペで設計者に選ばれたイラク出身の建築家ザハ・ハディドが経営するイギリスの「ザハ・ハディド・アーキテクト」の案は、デザインの斬新さに注目が集まったいっぽうで、その巨大さと建設費・維持費が多額であることが問題になり、2013年11月に約25パーセントまで予算規模が縮小され、デザインにも変更が加えられた。15年7月7日に有識者会議の第6回で総工費2520億円の計画が承認され、同年10月の着工が決まったにもかかわらず、莫大な建設費と維持費、オリンピック閉幕後の活用方法にかんする論議とともに、規模も含めたそのデザインが地域の景観を損ねるのではないか、という批判が沸きおこったのだ。そして7月17日に、安倍晋三首相がコストの膨張や国民・アスリートたちから批判があがったことを理由に、建設計画の白紙化と、19年9月に開催するラグビーW杯の新競技場での開催の断念を表明するに至る。

このため、12月22日に再びコンペが実施され、応募された2案のなかから、大成建設・梓設計・隈研吾のチームによる案が選ばれた。再コンペで選ばれ、竣工にまでこぎつけた隈研吾設計の新・国立競技場は木材をふんだんに使用し、「和」のイメージを強調したデザインだった。

新・国立競技場問題で噴出したのは、〈景観〉優先が声高に叫ばれるばかりで、首都のデザインをどのようにしていくかといった将来像は、おいてきぼりにされてしまった事態である。この問題は期せずして、〈社会的事件〉として扱われることになった。しかし、ザハのデザインとすりかわったのは、近代以降に形成された〈景観〉を保存しようという自然保護運動だった。つまりそれは、東京のシンボルは日本のシンボルであり、原発災害からの復興に前衛的なデザインは似合わない、自然に配慮したデザインにすべきだという意識である。こうして、国立競技場の建て替えにおいても、東京という都市の全体像や未来の姿を建設的に議論することにはならなかったのである。

〈自然現象〉にたいするナイーブさ

こうした不毛な景観論争を垣間見たとき、〈復興〉はどこに行ったのかと疑問に感じざるをえなかったのである。

東日本大震災のとき、東京の中心部も激しく揺れた。そして多くの人が、関東大震災のときと同様に、歩いて自宅に帰ったり、帰宅困難に陥ったりしたのだった。しかし私たちは、あの日の混乱や困難を忘れてしまっている。その点で、関東大震災の際に、山の手にいて震えなかった人びとと変わらず、当事者性を獲得しないまま、災害を〈自然現象〉として捉えるようなナイーブさから一歩も踏みでてはいなかったことになる。

第三部 災害を〈社会現象〉として捉える

何を捉えそこねたのか

社会学者の清水幾太郎（1907〜1988）は、1755年に発生したリスボン地震がヨーロッパ全土に大きな社会的・思想的変動をもたらしたのにたいして、関東大震災はその後の日本社会にはほとんど何のインパクトも与えなかったと「日本人の自然観――関東大震災」という文章で指摘する。関東大震災は「独立存在を主張する遑《いとま》もなく、長い長い歴史の中に融けてしまった」というのだ。清水のこの文章は、太平洋戦争開始以前、1937年（昭和12）に発表されたものだが、こうした認識は、多くの日本人に共有されないままでいる。なぜ、インパクトを与えることができなかったのか。清水がインパクトを与えなかったというのは、もちろん反語であり、関東大震災はさまざまな問題を提起したにもかかわらず、日本人はそれを捉えそこねたという意味である。

清水が言うように、関東大震災はリスボン地震がその後の近代的啓蒙思想の勃興に寄与したような文明史的転換のきっかけに、なぜならなかったのか。

いったん仮説を唱えるなら、関東大震災は日本人の災害観、自然観を強化、固定化したばかりで、それらにたいする反省、検証を怠ってしまったのだ。こうした怠慢が無意識によるものか、意識的なものなのかは考える余地がある。いずれにしても、問題の軽視はナショナリズムを呼びおこし、戦争への道を開いていったのだ。

大震災の惨禍は瞬く間に忘れさられ、あるいは忘れるように仕向けられた。惨禍の記憶を覆いかくしたのは、郷土愛、形を変えた伝統主義、素朴な自然讃美などである。ここまでに用いてきた言葉を使うなら、災害を〈自然現象〉の次元にとどめておこうとする態度であり、〈社会現象〉として捉えようとしない姿勢が、そうしたイデオロギーの根底にある。この第三部では、関東大震災をターニングポイントにしえなかった、日本人の持続的な災害観、自然観をまず見ていくことにする。

〈天譴論〉再考

１００年前の震災のときにも、いまから12年前の地震津波のときにも、〈天譴論〉を唱えるものがいた。

天譴論は本来、「天のとがめ。天帝が、ふとどきな者にくだすとがめ」という意味だが、近現代日本の大災害では、短絡的に、腐敗・堕落した世間・世相にたいする天罰といった意味で用いられている。

天譴論はふたつの面で、明らかに間違っている。ひとつは、天罰が腐敗・堕落した人にたいして下らないことである。世間・世相が腐敗・堕落しているなら、それを最も体現しているものに天罰が下るはずなのに、災害はそうした状態から遠い、無縁な人間に襲いかかるのだ。柳田国男が関東大震災の際に、「本所深川あたりの狭苦しい町裏に住んで」「平生から放縦な生活」をなしえなかった人びとが、なぜ制裁を受けなければいけないのかと憤ったのは、天譴論にたいする正しい認識だ。

天譴論が誤っていると考えるもうひとつの理由は、災害を〈自然現象〉だと捉えている点にある。ここまで述べてきたように、災害は、気象・大気環境学、地質・鉱物学、防災・砂防学、固体地球・地震学など、地球科学の領域だけで収まるものではない。自然に起因するにしても、災害はそれにともなう〈事件〉、災害そのもの以外によって生存をおびやかすような事態を含めて捉える必要がある。そしてそうした〈事件〉は、「天」ではなく「人間」の手によって引きおこされるのだ。

〈運命論〉の心理的効用

すでに援用してきた廣井脩の『災害と日本人』によると、日本人の災害観には〈天譴論〉〈運命論〉〈精神論〉の3つのタイプがあるという。
〈運命論〉は、災害による人間の生死を、定められた運命と考える災害観で、廣井はこうした災害にたいする〈運命論〉には、災害の悲劇性を減殺できる「心理的効用」があるとする。関東大震災で生き残った人びとは、死者の悲運に嘆息し、ひるがえって自らの幸運を感謝した。また災害はつねに、家族や財産を一瞬にして奪いさっていく。こうした被災者にとって極限状況、そこに生まれる絶望・不幸の感情を、〈運命論〉は緩和してくれるのだ。「泣きごとを繰りかえしてもしかたがない、これは逃れられない運命なのだ」「世間にはもっとひどい目に遭って死んでしまった人さえ多いではないか」……。〈運命論〉は極限状況を耐えしのぶ作用を果たすのである

こうした心のありようは加えて、災害からの回復を促進する機能を果たす。災害の悲劇を運命だと割り切ることによって、生活の再建に迅速に進んでいくことができる。

日本人が災害の打撃からきわめて早く回復するというのは、しばしば指摘されてきたことだと廣井は指摘する。関東大震災では外国人の被災者も多かったが、彼らのなかにも、震災後に日本人の被災者が、意外に平然としていることに驚きを感じたものが少なくなかったという。このように〈運命論〉には、災害の悲劇性を減殺するという心理的効用があ

るのだ。〈運命論〉は被災者に、災害にたいする「諦念」や「忘却癖」を生みだしていく。諦念とは、人間の手では災害はどうにもならないという感情であり、地震や台風のような自然の破壊力にたいしてただ耐えしのび、諦めるほかないという心理である。忘却癖とは、災害の経験を将来の防災に生かすことなく、忘れさってしまう態度をいう。災害の〈当事者〉でも、災害を過去の不運な出来事だと捉えて、悲惨な経験を生かすことなく忘れさってしまうのである。

〈運命論〉がもつ、被災者の心理的打撃や災害の悲劇性を緩和するという効用と、災害にたいする諦念や忘却癖を生みだす作用は互いに関連し、災害をあくまでも〈自然現象〉の枠内におくことにより、人間の手によって起こされた事件さえ「水に流して」しまうのだ。

〈精神復興〉の優位性

日本人の災害観における〈精神論〉とは、防災対策を講じて災害を克服するのではなく、人間の精神や心構えを強調する態度であると廣井は定義する。自然を征服したり、コントロールしたりすることによって災害に対応するのではなく、心の持ちようや内面的努力を強調することで災害に対処していこうとするのである。

廣井が援用するところによると、社会心理学者の南博は日本人特有の心理のひとつに〈精神主義〉があり、その具体的な形態として次の3つを挙げられるという。第1は、人間の力を超えると思われる場合に、精神力が働いて、思いがけない超人的なことができるという信念。第2は、精神の働きで物質的な条件が変えられるという考えかた。第3は、物質のなかに精神がこもっているとみなす「物神性」の観念である。廣井はこのうち、第1と第2の信念が、〈精神論〉と強くかかわっているという。物質にたいする精神の優位を核心にもつこうした精神主義は、災害についても明確に現われていると廣井は指摘するのだ。

たとえば、関東大震災後の帝都復興の過程でも、〈精神復興〉というスローガンが力説されていた。ここでいう〈精神復興〉とは、帝都を真に復興するには、道路の拡張や橋の改修といった〈物質的復興〉だけでは不十分で、市民ひとりひとりが私利私欲を捨て、勤勉かつ品行方正に生きることが必要だといった信念である。

具体的にはどういうことなのか。

廣井によると〈精神論〉の特徴は、物質にたいする精神の優位を強調することで、ただひたすら神仏に祈る行為は〈精神論〉の極致とされる。

関東大震災においては、国民の精神的自覚を促す〈精神復興〉として表現され、都市施設の復興や経済復興と並んで〈精神復興〉の必要を説くより、〈精神復興〉こそが、復興の根本だという論調が目立った。このような態度は結果として、災害後の防災対策の軽視を生みだすことにつながっていく。

関東大震災にたいする反省を記した学者や文化人の文章には、防火体制の無策を指摘したり、東京を災害に強い都市にすべきだと意見したりするものもみられた。ただ庶民にとっては、そうした意見より〈精神復興〉のスローガンのほうがアピールしたようで、幹線道路や環状線の建設、耐火・耐震の建物よりもてはやされたのだ。

廣井は、日本人の〈自然観〉の特徴は、自然と人間の関係をきわめて密接なものとみなすことにあるという。しかし、日本人における自然と人間の関係はきわめて一方的で、「偉大な自然」と「卑小な人間」という対比が、そこには存在している。自然を絶対化し、人間の無力を自覚する態度は、自然を対象化して、征服しようとする態度ではなく、自然と一体になり、服従しようとする態度で、こうした日本人の自然観はその災害観と深くかかわっている。

〈天譴論〉や〈精神論〉にも、自然の破壊力への恐れや、自然の偉大さにたいする人間の無力感が色濃く反映されている。災害を〈自然現象〉として捉える意識は、東日本大震災を動機としたアニメ映画にも引きつがれている。新海誠監督の『すずめの戸締まり』は記録的な大ヒットとなったが、自然の暴力性に人間は無力であるといった日本人の伝統的な自然観を背景にしてつくられているのだ。

新海作品では『君の名は。』（2016年）の隕石衝突、『天気の子』（2019年）の降りやまない雨といった宇宙物理学や気象学の領域に属する事態を、非科学的かつ素朴な手段によって乗り越えようとすることが物語の推進力になっているのである。

美談と暴力

災害が人為的要因に大きく影響されるということは、これまでもしばしば唱えられてはいる。しかし、そうした場面では、被災をまぬかれたことを「美談」や「奇跡」とし、被災してしまったことを「悲劇」と捉える際に、人為的な物語が描かれるのである。

じつはこれも〈天譴論〉と大差がなく、偶然や運命に結果を委ねてしまっている場合が少なくないのだ。地震以外の〈自然現象〉は、現代科学でほとんどが予測可能であり、被害を大きくしたり、気象そのものとは直接的に関係しない被害がもたらされたりするのは、人間の行動によってであり、そこには〈天〉や〈自然〉が入りこむ余地はないのである。改めて関東大震災を例にするなら、流言蜚語は〈自然現象〉とは全く違うところから生じるものだし、デマを鵜呑みにしたり、風聞に便乗して暴力的になったりするのは人間業《わざ》でしかない。

震災の翌年、関東大震災における「震災美談」と「復興美談」を震災記念事業として、一般市民から募集し、当選作は、『震災記念　十一時五十八分』に掲載された。その第三編は「精神復興の叫び」というタイトルが付けられ、収録された12の論文のほとんどが、施設や経済の復興より精神の復興を優先すべきだと説いている。

近年の災害でも「美談」はもてはやされる。そのいっぽうで、肉体的暴力にまで至らなくても、デマや便乗によって、精神的暴力をふるおうとする人が、インターネットの普及にともなって、確実に増えている。この場合の暴力は差別的言動や、風聞の流布、あるいは被災者をおとしめるようなふるまいだ。災害においては、じつはこうした二次的加害が意外なくらい多い。混乱に乗じて承認欲求を満たそうとするのだろうが、二次的被害に遭うのは多くの場合、日常的弱者であることが少なくないのだ。

近世の江戸を襲った大地震

関東大震災以降、近現代において災害に向きあった人びとが、近世以前の人びとと比べても、果たして合理的で社会性をもった対処をしてきたであろうか。

たとえば関東大震災が起こる前の江戸でも、大地震はたびたび庶民を襲った。とくに安政2年10月2日（1855年11月11日）に起こった、いわゆる安政江戸地震に際して、「鯰絵《なまずえ》」と呼ばれる版画が市中に出回った。「鯰絵」にふれる前にこの大規模な地震災害を素描しておきたい。

地震が発生したのは当日の22時ごろ、震央は荒川河口付近で、規模はマグニチュード6・9と推定される直下型の地震だった。江戸の町方での倒壊した家屋は1万6000戸、倒壊した土蔵は1400棟余、死者は約4700人だったといい、武家・社寺方を含めると倒壊した家屋は2万戸、死者は1万人余だったと考えられている。江戸市中の被害にたいし、山の手の被害は比較的少なかったが、小石川の水戸藩邸では藤田東湖、戸田蓬軒らが圧死している。

幕府は5か所の「救小屋《すくいごや》」（地震・火災・洪水・飢饉などの際に設けられた公的救済施設）を設けて被災者を収容したり、大名には帰国を許して貸付金の返済を延期したり、旗本・御家人には貸金などの応急措置を施したりもした。

約30か所から火災が発生したものの、風が穏やかだったため、翌朝10時ごろには鎮火する。江戸市中の焼失面積は、関東大震災のときの約20分の1だった。

現在の江戸川区や葛飾区方面では、地面の割れ目から水や泥が噴出するなど液状化現象がみられ、津波の襲来はなかったが、深川や木更津《きさらづ》（千葉県）あたりでは海水の動揺があった。このほか井戸掘り中の地鳴りや、怪光が四方に閃きわたるといった前兆とみられる現象があったという。そしてこの地震の後には、数百種類を超える錦絵（浮世絵版画）様式の「鯰絵」がブームとなったのである。

「鯰絵」の社会性

当時、錦絵は地本問屋《じほんどいや》（学術書・宗教書などの出版を手掛ける書物問屋にたいし、娯楽本を手掛ける出版物の問屋。版元）が製作販売していたが、地震後の混乱で、名所絵や役者絵、美人絵などは、売れる見込みがなくなってしまう。そこでいくつかの版元が、地震で混乱する江戸の世相を風刺した「鯰絵」を企画し、販売をはじめた。この錦絵は、日本列島の地下深くには、ふだんは鹿島神宮（茨城県）の「要石《かなめいし》」の力で抑えられた地震鯰がおり、地震鯰が暴れると地震が起こるのだという伝説をモチーフに描かれている。鹿島神宮の祭神である鹿島大明神に叱られた地震鯰が「もう地震は起こさない」と詫びているもの、余震が頻発したため鹿島大明神が地震鯰を威圧している絵柄、また絵そのものが地震除けのお守り（護符）になっているものなどが人気を集めた。

鯰絵には、地震で被害を受けた大勢の庶民が地震鯰を打ちのめし、それを震災により巨利を得た大工、左官や材木商が止めているものや、地震鯰が人びとからあがめられているさまを描いたものもあった。復興が本格化し、景気がよくなったのを見た版元たちは、庶民の「世直し」気分を後押しするような絵柄を描かせるようになる。

しかし、当時は風刺的、時節的な内容が強い錦絵は禁止されていたため、鯰絵は違反出版物とみなされ、幕府は地本問屋の関係者数人を捕らえて、鯰絵を含む約３５０点の摺り物の版木を破壊させてしまう。

現在に残る鯰絵には、大震災という事態を合理化していった江戸庶民の叡智が描きだされている。つまり鯰絵の絵柄を考案したものも、それを買って楽しんだものたちも、地震被害を〈自然現象〉だけから成立していると捉えるのではなく、災害バブルに歓喜する人びとを描きだすなど、大地震を〈社会現象〉として捉えているのである。また鯰絵においては、被災者も、被災をまぬかれ利益を得たものも、寓話的な世界のなかに組みなおされているのである。

「神頼み」を皮肉りながらの復興への強い意志、繰りかえし襲いくる厄災にめげないという意思表示が、戯画《カリカチュア》の体裁のなかにこめられているのだ。

原因・責任の曖昧さ

災害を〈社会的事件〉を含むものとしてみたとき、原因をつくったものがいるはずだ。

2020年（令和2）9月20日、福島県双葉郡双葉町に「東日本大震災・原子力災害伝承館」（以下、「伝承館」と略する）が開設された。この施設は福島県を建築主体に、指定管理者の公益財団法人「福島イノベーション・コースト構想推進機構」が運営し、総工費約53億円は国の交付金によって賄われている。

この施設の設立趣旨は、「世界初の甚大な複合災害の記録や教訓とそこから着実に復興する過程を収集・保存・研究し、風化させず後世に継承・発信し世界と共有することは、被災を経験した人々の共通の想いです」とされ、福島だけが経験した原子力災害をしっかり伝えるため、「未来への継承・世界との共有」「防災・減災」「復興の加速化への寄与」

という3つの基本理念を掲げている。

地上3階建て、延べ床面積約5300平方メートルの施設は、震災や原発事故関連の資料約24万点を所蔵し、そのうち約170点を展示している（2020年9月当時）。私は開館から約2か月後に訪ねたのだが、震災前後の経過を記録した導入シアター、〈災害の始まり〉〈原子力発電所事故直後の対応〉〈県民の想い〉〈長期化する原子力災害の影響〉〈復興への挑戦〉などのパートに分けられた展示は、その基礎資料が主に報道資料をもとにしたものなので、未知の情報や知識を得ることはできなかった。

伝承館の展示を見て私が思いうかべたのは、原爆被災地に建てられた慰霊碑の碑文である。1952年（昭和27）8月6日、原爆投下から7年後に、平和記念公園に設立された「原爆死没者慰霊碑（公式名は広島平和都市記念碑）」の原爆死没者名簿を納めた石室の正面には、「安らかに眠って下さい　過ちは　繰返しませぬから」という言葉が刻まれている。しかし、この碑文は、「過《あやま》ち」が、だれによってもたらされたのかという責任主体が明確でないことから問題視され、議論されてきた。

伝承館の展示も原発災害の原因や、責任の所在が明確ではない。なぜこのような事故が発生したのか。なぜ多くの人びとが避難を余儀なくされたのか。なぜまだ住んでいた場所に戻ることができないのか。これらの疑問にたいし、報道的な事実が並べられてはいるものの、原発事故という〈社会的事件〉をなぜ防げなかったのかという批判的な視点が感じられないのだ。原発事故の要因のひとつは間違いなく〈自然現象〉である大津波だった。しかし原発事故は〈自然現象〉に収まることなく、事件や事故が折りかさなることによって、未曽有の〈社会現象〉を現出させてしまったのである。

近代的防災・復興にたいする問題提起

災害を〈社会現象〉として捉えるのとはまた別のアプローチで、防災や復興にたいして問題を提起し、あるいは表現に高めた人もいる。

漁撈民俗研究の第一人者で、宮城県気仙沼で東日本大震災に遭った民俗学者の川島秀一は、『海と生きる作法——漁師から学ぶ災害観』の「おわりに」にこのように記す。

最近の社会はどこを見回しても、「リスク管理」が大はやりで、安全に、かつ無駄を省いて、効率を重視するためだけの仕事が、本来の仕事より加速度的にウェイトを増しつつある。自然災害に関わらず、危機に対するシミュレーションごっこは、国防レベルにまでエスカレートしている異常な時代である。明治国家以来の科学信仰とテクノロジー中心の「近代防災」を主とした集団ヒステリー状況が、手のひらを返すように簡単に「国防」に染まってしまうことは、関東大震災（一九二三年）以降の日本の現代史が明らかにしている。

（『海と生きる作法』）

関東大震災以来続く、集団的ヒステリーの国防への転化を憂うる川島は、この本に収録された「災害伝承と自然観」（2015年）では、漁師に伝わる「天運循環」という自然観から、近代的防災にたいする民俗的な問題提起を導きだしている。

つまり、津波も不漁（大漁）も、大きな回帰的な時間のなかで到来するということ、言い換えれば、海からもたらされる不幸も繰り返しやってくるということであり、この津波と大漁という回帰的な時間を、少しずらしながらも、ほぼ災害と同時に捉えようとしたのが津波の前の大漁、津波の後の大漁という伝承ではなかったかと思われる。

もちろん、その基底には、海から魚の生命を大量に獲得する「大漁」の次には津波で人命が失われ、その後には「魚に食われ」、「魚に成った」ことで大漁が約束されるという、生命観や再生儀礼を支えた考え方があった。
この回帰的な時間の発想は、東日本大震災後の被災地に対して、「防災」という観点からしか海を捉えないありかたとか、漁業を「資源管理」という観点だけで捉えているのとは違う、もう少し海に対する謙虚さを含んだ、自然の持つ回帰的な力に沿って生きようとした考え方ではなかったかと思われる。（「災害伝承と自然観」）

1980年愛知県生まれの写真家・志賀理江子は2008年から宮城県名取市の北釜地区に移住し、地域の催事や行事を記録しながらオーラルヒストリーを作成し、東日本大震災後の12年には、同地での日々を『螺旋海岸』として作品化した。
志賀が、2023年3月に東京都現代美術館の「さばかれえぬ私《わたくし》へ Tokyo Contemporary Art Award 2021-2023 受賞記念展」で発表した「風の吹くとき」は、マイクを手にした女性が、防潮堤の上で目を閉じて歩く人を誘導しながら、東北で震災前にどんなことが起きてきたか、震災後にどんなことが起こってきたかを語りかける。

私たちは今、海と陸の境に建てられた、長い道の上を歩いていています

そしてこの体には、強い風が吹いています
これは、偏東風という、オホーツク海の高気圧から生まれ
春から夏にかけて、寒流の上から吹いてくる
昔からここに住む人々が「ヤマセ」と呼ぶ、あの、海からの冷たく湿った風です
（『SHIGA Lieko』）

マイクを持った女性は続けて、この風が東北地方にたびたび冷害をもたらし、飢饉を招いたことを語る。しかし、たくさんの人が餓死してきたのは、風だけが理由ではない。「中央政権による支配と搾取の構造にも起因」するというのだ。

近代日本の歴史の中で、もうずっとここは大都市へ、あらゆるエネルギーを供給し続けてきた
食料で、労働力で、鉱産物で、そして火力、水力、原子力による電力で、です　（同前）

2011年3月11日の震災は、地震と津波のほかに、原発事故を含む複合的なものだったことから、その後の道のりは困難に満ちたものになった。〈復興〉という言葉が震災の翌日から叫ばれ、世界中から大量の物資や食料、義捐金が届けられた。数多くの人びとが救助に駆けつけ、そして働く、怒濤の日々が続いた。

この瞬間だけは、これまで都心に流れ続けたエネルギーが逆流してくるようだった

（同前）

しかし時間が経つにつれ、膨大な資金を費やして遂行された数々の「復興」は、本来とはねじれた方向に突きすすんでいった——。こうした言葉が女性の口から語られていくのだが、ここで伝承されようとしている物語は、〈中央〉と〈周縁〉、〈災害〉と〈復興〉をめぐる民俗誌にほかならないだろう。そして語り手は、強い風が吹きすさぶ堤防の上を、目を閉じた人を導きながら歩く。目を閉じた人はなにの、あるいはだれの暗喩なのか。どこまでも続きそうなこの長い道のりは、関東大震災以来続くもので、目を閉じた人はすべての日本人自身ではないかと思うのだった。

〈周縁〉を基礎にした防災

関東大震災以降、私たちは従来の自然観を抜けでることなく、災害を〈自然現象〉として捉えるとともに、自然の脅威を忘れようと、素朴な郷愁に身を寄せてきた。郷愁を基盤とする〈郷土〉への愛は、〈国土〉にたいする依存に安易に結びついてしまう。大災害の後に自然や伝統への回帰が起こるのは、私たち自身の意志でもある。関東大震災によって為政者、あるいは国土の開発者たちは、そういう大衆の依存性に気づいたのだ。たとえば「復興五輪」という言葉を批判することは、震災の被災者にたいしても冷淡であるかのような意識を植えつける。しかし私たちも震災の被災者であり、原因をつくった当事者でもあったはずである。

災害後に必要なのは、地域（郷土）を主体とし、地域（郷土）を立脚点としながら、国家（国土）を巻きこんでいくような復興の設計であるべきだ。〈中央〉が〈周縁〉を従属、隷属させていくことではなく、〈周縁〉が〈中央〉をデザインしていくことではないか。

かつての民俗学も、民藝運動もそうした問題に気づいていないわけではなかった。ただ、そうした初発の意志を埋没させていったのが、近代日本の知識人による思想的営為の現実なのである。

非常時を契機に育まれる大衆の郷土感情それ自体は、決して否定すべきものではない。生活者にとっては、従来の〈自然観〉にもとづくとはいえ、合理的で文化的な営みでもあったからだ。しかしそれを、どのように生かしていくか、それをどのような具体的な復興の設計、なによりも防災・減災のデザインに役立てていくかが、これからも大きな課題になっていくはずである。分断や格差に配慮して、そうしたデザインをあらかじめ検討していくことも求められる。同調圧力によっては、〈周縁〉を基礎とした防災・減災の設計は実現しない。そのためには国家や国土を、〈周縁〉（場所及び人びとである）から俯瞰し、じゅうぶんな距離をとって、非当事者的な相対主義に陥ることなく〈社会現象〉として災害を見る視線が必要なのである。

１００年前の出来事は、こうした反省を私たちに強いる。〈社会現象〉として災害を捉えるという視座、災害を私たちが構成員として運営される公共空間に結びつけていくことが、未来の防災・減災につながるにちがいない。

あとがき

災害とそれをめぐるさまざまな感情について、はじめてまとめて書いたのは２０１１年（平成23）の『柳田国男と今和次郎――災害に向き合う民俗学』である。それから12年経ったことになるのだが、つまりそれは東日本大震災から、12年以上の年月が過ぎたことである。その間に私は、「災害民俗学」を標榜するようになり、数冊の本を出した。災害は近代以前から発生してきたが、その対処のしかたとして、近代以降のやりかたが本当に正しいものだったのか。こうした問題意識、災害を民俗感情や民俗技術から捉えなおしていくという作業は、これから先もずっと続いていくことだろう。

じつは去年の秋に、数年がかりで取りくんできた災害民俗学にかんする大規模な企画がお蔵入りになってしまった。ちょうどそのころ、２０２３年が関東大震災から１００年にあたることに気づいた。『柳田国男と今和次郎』は東日本大震災をきっかけに書き下ろしたものだが、関東大震災を発端に話題を展開していた。柳田と今が関東大震災のとき、どのようなことを思い、どのような行動を起こしたのか。そこで私は初心に返って、改めて関東大震災に向きあうことにしたのである。そうしていま出来上がろうとしているのが本書だ。

関東大震災が日本人の災害観、復興観のメルクマールである、あるいはメルクマールになりえなかったという問題設定自体がうまくいったか、いかなかったかは読んだかたの感想を待ちたいと思う。こうした問題設定に粘り強くおつきあいいただいた幻冬舎の竹村優子さんとは20年来の顔見知りである。私にとっての災害民俗学の重要な画期は、竹村さんでなければ同行してもらえなかったことだと、心から感謝しています。

2023年5月

畑中章宏

参考・引用文献

芥川龍之介『筑摩全集類聚　芥川龍之介全集 第四巻』筑摩書房、1971年
石井正己『文豪たちの関東大震災体験記』小学館101新書、2013年
石井正己編『震災と語り』三弥井書店、2012年
池田浩士『ボランティアとファシズム――自発性と社会貢献の近現代史』人文書院、2019年
岩本由輝編著、河野幸夫・菊池慶子・佐々木秀之著『歴史としての東日本大震災――口碑伝承をおろそかにするなかれ』刀水書房、2013年
荻上チキ『検証　東日本大震災の流言・デマ』光文社新書、2011年
落合勝人『林達夫――編集の精神』岩波書店、2021年
折口博士記念会編『折口信夫全集 第22巻 作品篇2 短歌』中央公論社、1956年
折口博士記念会編『折口信夫全集 第26巻 歌論歌話篇2 自歌自註、短歌啓蒙』中央公論社、1956年
加藤直樹『九月、東京の路上で――1923年関東大震災　ジェノサイドの残響』ころから、2014年
金菱清(ゼミナール)編『呼び覚まされる霊性の震災学――3・11生と死のはざまで』新曜社、2016年
柄谷行人『柄谷行人講演集成1995-2015――思想的地震』ちくま学芸文庫、2017年

川島秀一『海と生きる作法―漁師から学ぶ災害観』冨山房インターナショナル、2017年
北原糸子『関東大震災の社会史』朝日選書、2011年
北原糸子『日本震災史――復旧から復興への歩み』ちくま新書、2016年
北原糸子・松浦律子・木村玲欧編『日本歴史災害事典』吉川弘文館、2012年
木村聖哉『シリーズ民間日本学者6 添田啞蟬坊・知道――演歌二代風狂伝』リブロポート、1987年
小牟田哲彦『「日本列島改造論」と鉄道――田中角栄が描いた路線網』交通新聞社新書、2022年
小山俊樹『五・一五事件――海軍青年将校たちの「昭和維新」』中公新書、2020年
近藤正高『新幹線と日本の半世紀　1億人の新幹線――文化の視点からその歴史を読む』交通新聞社新書、2010年
今和次郎著・藤森照信編『考現学入門』ちくま文庫、1987年
今和次郎『今和次郎　採集講義』青幻舎、2011年
佐藤健二『流言蜚語――うわさ話を読みとく方法』有信堂、1995年
佐藤卓己『流言のメディア史』岩波新書、2019年
塩谷隆英『下河辺淳小伝――21世紀の人と国土』商事法務、2021年
志賀理江子『SHIGA Lieko』公益財団法人東京都歴史文化財団・東京都現代美術館・トーキョーアーツアンドスペース事業課、2023年

清水幾太郎『流言蜚語』ちくま学芸文庫、2011年
志賀直邦『民藝の歴史』ちくま学芸文庫、2016年
白洲正子『白洲正子自伝』新潮社、1994年
鈴木淳『関東大震災――消防・医療・ボランティアから検証する』ちくま新書、2004年
鈴木俊一著・政策研究院政策情報プロジェクト監修『官を生きる――鈴木俊一回顧録』都市出版、1999年
千里文化財団編『季刊 民族学 特集 民藝――人とモノとが出会うとき』千里文化財団、2023年
十河信二『有法子――十河信二自伝』ウェッジ文庫、2010年
竹中均『柳宗悦・民藝・社会理論』明石書店、1999年
田中角栄『日本列島改造論』日刊工業新聞社、1972年
田山花袋『東京震災記』河出文庫、2011年
筒井清忠『帝都復興の時代――関東大震災以後』中公選書、2011年
鶴見太郎『柳田国男入門』角川選書、2008年
鶴見俊輔『柳宗悦』平凡社選書、1976年
寺田寅彦『天災と国防』講談社学術文庫、2011年
寺田寅彦著・小宮豊隆編『寺田寅彦随筆集 第三巻』岩波文庫、1948年
戸坂潤『戸坂潤全集別巻』勁草書房、1979年

永井荷風『荷風全集第14巻　雨蕭蕭・麻布襍記』岩波書店、2010年
永井荷風著・磯田光一編『摘録　断腸亭日乗』(全2冊) 岩波文庫、1987年
永嶺敏『歌う大衆と関東大震災――「船頭小唄」「籠の鳥」はなぜ流行したのか』青弓社、2019年
畑中章宏『柳田国男と今和次郎――災害に向き合う民俗学』平凡社新書、2011年
畑中章宏『災害と妖怪――柳田国男と歩く日本の天変地異』亜紀書房、2012年
畑中章宏『天災と日本人――地震・洪水・噴火の民俗学』ちくま新書、2017年
畑中章宏『死者の民主主義』トランスビュー、2019年
畑中章宏『五輪と万博――開発の夢、翻弄の歴史』春秋社、2020年
畑中章宏『医療民俗学序説――日本人は厄災とどう向き合ってきたか』春秋社、2021年
早野透『田中角栄――戦後日本の悲しき自画像』中公新書、2012年
廣井脩『災害と日本人――巨大地震の社会心理』時事通信社、1986年
藤井聡『新幹線とナショナリズム』朝日新書、2013年
保阪正康『五・一五事件――橘孝三郎と愛郷塾の軌跡』草思社、1974年
堀田善衞『方丈記私記』筑摩書房、1971年
前田潤『地震と文学――災厄と共に生きていくための文学史』笠間書院、2016年
前田英樹『民俗と民藝』講談社選書メチエ、2013年

松葉一清『『帝都復興史』を読む』新潮選書、2012年
松山巖『うわさの遠近法』青土社、1993年
水出幸輝『〈災後〉の記憶史――メディアにみる関東大震災・伊勢湾台風』人文書院、2019年
宮本常一『宮本常一著作集2　日本の中央と地方』未來社、1967年
宮本常一『宮本常一著作集18　旅と観光』未來社、1975年
森彰英『「ディスカバー・ジャパン」の時代――新しい旅を創造した、史上最大のキャンペーン』交通新聞社、2007年
森栗茂一『地蔵・長屋の歴史民俗学――震災を越えてきた街　神戸長田から』神戸学院大学出版会、2021年
柳田国男『雪国の春』角川文庫、1956年
柳田国男『青年と学問』岩波文庫、1976年
柳田国男『柳田國男全集24』ちくま文庫、1990年
柳宗悦『工藝の道』講談社学術文庫、2005年
山崎今朝弥著・森長英三郎編『地震・憲兵・火事・巡査』岩波文庫、1982年

引用にあたり読みやすさに配慮して、現代仮名遣いに改めたものがある。

著者略歴

畑中章宏
はたなかあきひろ

一九六二年、大阪生まれ。

民俗学者。

『柳田国男と今和次郎』『「日本残酷物語」を読む』(ともに平凡社新書)、

『災害と妖怪』『津波と観音』(ともに亜紀書房)、

『21世紀の民俗学』(KADOKAWA)、

『天災と日本人』『廃仏毀釈』(ともにちくま新書)、

『五輪と万博』『医療民俗学序説』(ともに春秋社)、

『今を生きる思想　宮本常一　歴史は庶民がつくる』(講談社現代新書)など著書多数。

幻冬舎新書 699

関東大震災
その100年の呪縛

二〇二三年七月二十五日　第一刷発行

著者　畑中章宏

発行人　見城　徹
編集人　小木田順子
編集者　竹村優子
発行所　株式会社　幻冬舎
〒一五一-〇〇五一　東京都渋谷区千駄ヶ谷四-九-七
電話　〇三-五四一一-六二一一（編集）
〇三-五四一一-六二二二（営業）
公式HP　https://www.gentosha.co.jp/
ブックデザイン　鈴木成一デザイン室
印刷・製本所　株式会社　光邦

Printed in Japan　ISBN978-4-344-98701-2 C0295
は-21-1

*この本に関するご意見・ご感想は、左記アンケートフォームからお寄せください。
https://www.gentosha.co.jp/e/